Un si petit dinosaure

Castor Poche
Collection animée par
François Faucher, Martine Lang et Soazig Le Bail

Titre original :

HENRY HOLLINS

AND THE DINOSAUR

Une production de l'Atelier du Père Castor

WILLIS HALL

Un si petit dinosaure

traduit de l'anglais par
HERVÉ ZITVOGEL

illustrations de
SOLVEJ CRÉVELIER

Castor Poche Flammarion

Willis Hall, l'auteur. Après quelques années passées dans le sud de l'Angleterre, Willis Hall vit à présent avec sa famille dans une très vieille demeure du Yorkshire. Ecrivain pour la jeunesse, il est aussi bien connu comme scénariste de télévision et de cinéma, et auteur de pièces de théâtre.

Willis Hall est un grand sportif, qui a écrit plusieurs ouvrages sur le football. Il s'intéresse également à la paléontologie.

Du même auteur :

Le Dernier des vampires, Castor Poche nº 219.

Sauvons les dragons, Castor Poche nº 265.

Hervé Zitvogel, le traducteur, est un familier de la maison Hollins.

« Ce sont des gens très attachants, dit-il après ce dernier séjour outre-Manche. Albert Hollins n'est pas toujours très tolérant mais il a bon cœur, au fond. Euphémia est irrésistible avec ses éternels concours et ses rêves de gros lot (peu importe lequel). Quant à Edgar, qui a hérité de sa mère ce don pour le rêve éveillé, il sait aussi se battre avec la réalité, envers et contre ceux qui justement ne croient pas aux rêves ! L'été prochain, je retourne en Angleterre, du côté de certaine crique à Congreton-sur-Mer. La perspective d'apercevoir un anatosaurus vivant vaut bien celle de repérer le monstre du Loch Ness ! »

Solvej Crévelier, l'illustratrice, vit à Paris avec son mari qui joue au tennis, sa fille qui joue du piano et son chien qui joue tout seul.

« Être illustrateur, c'est voyager : à travers le monde, à travers le temps, parfois seulement à travers les mots... voyager dans sa tête. J'adore traverser le miroir comme Alice et me retrouver à Tintagel... ou ailleurs. Ce sont les plus beaux voyages car ils restent toujours des rêves. »

Un si petit dinosaure :

Lorsqu'on a, comme Edgar Hollins, une vraie passion pour les animaux préhistoriques, quelle joie de trouver dans les rochers un gros galet bizarre qui ne peut être qu'un œuf de dinosaure ! Personne n'y croit, bien sûr, et son père ordonne à Edgar de jeter cette « saleté ». Mais le garçon est têtu. Et lorsqu'un bébé dinosaure éclôt de cet œuf conservé en cachette, Edgar l'élève clandestinement dans la cabane au fond du jardin. Oui, mais l'animal grandit, et son appétit aussi...

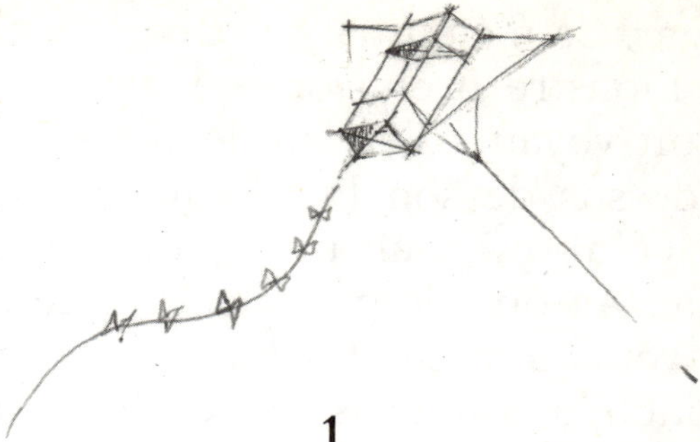

1

Le dragon volant grimaçait.

A cette distance, en réalité, on ne distinguait pas sa grimace. Mais Edgar savait qu'il grimaçait. D'ailleurs, tous les dragons grimacent, c'est connu. De même que tous les dragons sont verts, et celui-là était du plus beau vert. Ses ailes grandes ouvertes, le monstre luttait contre le vent, haut dans le ciel printanier.

Soudain il piqua du nez, comme pour attaquer un petit nuage qui passait par là, un peu plus bas sur l'horizon. Edgar sentit la ficelle se distendre, mais déjà le cerf-volant reprenait de l'altitude. Finalement, non, décida

Edgar. Ce n'était pas un dragon ; plutôt un monstre préhistorique, un de ceux qu'on voyait voler sur le poster géant au-dessus de son lit. Comment s'appelait celui qui avait une tête de pélican, déjà ? Ah oui : le ptérodactyle. Le triangle vert qui planait là-haut était un ptérodactyle, un gros, avec ses vilaines dents de requin, prêt à plonger d'une seconde à l'autre droit sur un énorme poisson qui...

– Edgar ! (La voix maternelle brisa net le rêve.) Tu ne t'approches pas trop de l'eau, n'est-ce pas, mon lapin ?

Edgar jeta un regard vers le haut de la plage.

– Non, Maman !

– Et ne va pas escalader ces falaises, tu m'entends ? Elles sont très dangereuses !

– Non, Maman !

– Et ne mets pas les pieds dans les flaques, non plus ! Ne va pas attraper un rhume !

– Non-non !

– Et ne t'en va pas trop loin, mon gros lapin ! La mer remonte, et elle remonte vite. Ne va pas te laisser piéger sur un rocher !

– Je fais attention !

Rassurée sur le sort de son rejeton, Euphemia Hollins se remit à écrire avec application. Albert Hollins leva les yeux de sa grille de mots croisés et fronça le sourcil :

– Qu'est-ce que c'est que ce courrier de ministre ? Tu n'écris tout de même pas aux amis à l'occasion d'un pique-nique ?

– Pas du tout, c'est pour un concours, répondit Euphemia sans cesser de griffonner. J'écris mon nom et mon adresse sur des cartes postales et si l'une d'elles est tirée, j'ai gagné.

– Tu as gagné quoi, si ce n'est pas indiscret ?

– Euh... Tu vas rire, je ne sais plus, mais c'est sûrement intéressant. Un voyage aux Seychelles, je pense. En ce moment, le gros lot, c'est presque toujours un voyage aux Seychelles.

– Ah bon, bâilla Albert, et il rendit toute son attention au IV, Verticalement.

La voix de sa femme l'arracha à sa réflexion.

– J'ai dit à Edgar de ne pas s'approcher de l'eau, de ne pas escalader les falaises, de ne pas patauger dans les flaques et de ne pas trop s'éloigner. Il est heureux, ici, ce gamin ; ça lui fait du bien, un peu de liberté, tu ne crois pas ?

– En six lettres, commençant par C, dit Albert pour toute réponse. La troisième lettre est un U, la quatrième un V, la sixième un R, et la définition : « La poule n'est pas seule à le faire. »

– COUVER, bien sûr, répondit Euphemia sans même lever les yeux de ses travaux d'écriture.

– Bien vu, reconnut Albert en s'empressant d'achever de remplir sa grille.

Puis il se renversa en arrière dans sa chaise longue, avec le sentiment du devoir accompli.

– Que disais-tu à l'instant, au sujet d'Edgar ? s'avisa-t-il soudain.

Elle poussa un soupir de patience infinie.

– Je lui ai dit de ne pas aller dans les vagues, ni sur les falaises, ni dans les flaques, ni trop loin.

– Tu as bien fait, approuva Albert. Apparemment, tu as envisagé tous les cas de figure. Sais-tu où il est, à propos ?
– Qui donc ? demanda Euphemia, collant un timbre sur sa quinzième carte.
– Edgar, pardi. En ce moment même, où est-il ? Tu le sais ?

Euphemia balaya du regard la crique déserte où ils étaient installés, loin de la foule des plages voisines. Edgar n'était nulle part en vue. Son sang ne fit qu'un tour.
– C'est quelque chose, tout de même ! Dès qu'on n'a plus les yeux sur lui, il se volatilise. Je le lui ai dit, pourtant, de ne pas aller trop loin !

Mais Albert pointa l'index en l'air.
– Regarde donc. Il n'est pas si loin, allons !

Dans le bleu du ciel, sur leur gauche, un triangle vert flottait allégrement.
– Tu vois bien, reprit Albert Hollins. Il est juste derrière la falaise. Tant que ce cerf-volant sera en vue, sois tranquille : ton fils est au bout du fil.
– Tout de même, grommela Euphemia. J'aurais mieux aimé l'avoir sous les

yeux. Ce n'est pas comme si je n'avais que ça à faire. (Elle s'attaquait à sa seizième carte.) J'ai du pain sur la planche, moi !

– A propos de pain, se souvint son mari, qu'est-ce qui nous reste, comme sandwichs ?

Euphemia ouvrit une grande boîte en plastique, et inspecta chacune des petites boîtes à l'intérieur.

– Il reste deux sandwichs à l'œuf, deux au fromage, et un au concombre et saumon.
– Concombre et saumon, c'est pour moi ! s'écria Albert avec enthousiasme, et son transat faillit se replier sur lui.

Euphemia lui tendit le sandwich. Il y mordit à belles dents et recracha le tout aussitôt.
– Eh, c'est plein de sable ! protesta-t-il en s'essuyant la bouche.
– Oui, c'est l'inconvénient des piqueniques à la plage, commenta Euphemia, très calme, en humectant un timbre d'une langue experte.

Albert Hollins grimaça. Ce petit creux à l'estomac se changeait en gouffre.
– Et les sandwichs à l'œuf ? demanda-t-il, plein d'espoir. Ils sont peut-être exempts de sable ?

Euphemia fourragea derechef dans ses boîtes.
– Hmm, conclut-elle. Je crains bien que non. Idem pour ceux au fromage. Même la tarte au flan m'a l'air un peu sableuse. Oh, juste sur le dessus, il suffirait peut-être de gratter...

– La tarte au flan ? gémit Albert Hollins. Moi qui me suis retenu de la finir à midi ! (Il se leva, resserra sa ceinture.) Bon, il faut songer à rentrer. Le temps de rassembler tout ce bric-à-brac... Surtout que j'aimerais mieux repartir tôt. Avec ce soleil, tu penses, il doit y avoir un monde fou sur les grandes plages. Résultat, dans une heure ou deux, bonjour les embouteillages ! En plus, la voiture est loin. C'est l'inconvénient des coins tranquilles.

Tout en parlant, il repliait sa chaise longue, fourrait son journal dans le panier, déroulait le bas de son pantalon.

– Comme tu voudras, dit Euphemia en épouse obéissante. J'appelle Edgar, qu'il vienne nous aider à tout remballer. Mais ? Oooh non !

– Quoi encore ? grogna Albert, qui venait de découvrir des kilos de sable dans le revers de son pantalon.

– Le... Le cerf-volant d'Edgar. Il a disparu.

Pour Albert Hollins, la coupe était pleine.

– Ce sale gosse ! Jamais là quand on a besoin de lui. Tu aurais dû lui dire de ne pas...

– Je le lui ai dit, coupa Euphemia, outragée. Je lui ai dit de ne pas aller trop loin, de ne pas...

– Tu aurais mieux fait de ne rien lui dire. Tu sais ce que c'est qu'un gamin. Tu lui interdis une chose, il la fait. Maintenant, il va revenir dans deux heures, trempé jusqu'aux os, ses habits en lambeaux, les genoux et les coudes écorchés, avec une chaussure en moins et un rhume carabiné, de quoi le tenir au lit quinze jours.

Albert Hollins exagérait. Edgar était un enfant docile, du moins la plupart du temps. Mais c'étaient là les propos d'un homme qui avait trouvé du sable dans son sandwich, du sable sur sa tarte au flan, du sable dans ses chaussures et dans le revers de son pantalon.

Euphemia jugea plus sage de faire la sourde oreille. Avec le temps, elle avait appris à connaître son mari ; elle savait exactement quand se taire.

Lèvres pincées, elle entreprit de réunir leur attirail de parfaits pique-niqueurs : trois pliants, deux transats, une table de camping, un parasol, un panier, une collection de boîtes en plastique, d'assiettes et de gobelets, des couverts, deux bouteilles thermos (une pour le thé, l'autre pour la soupe à la tomate), des journaux, des magazines, une boîte à courrier avec timbres, cartes postales et crayon à bille, sans parler d'un assortiment de sandwichs sableux.

Dans la petite ville de la grande banlieue de Londres où vivaient les Hollins, une vieille auberge s'enorgueillissait d'avoir un jour reçu la visite de Charles Dickens. L'histoire ne précisait pas combien de temps le romancier avait passé sous les poutres enfumées du *Chat-qui-fume*. D'aucuns affirmaient qu'il avait écrit là *David Copperfield, Oliver Twist* et *La Petite Dorritt* – rien de moins –, d'autres, plus modestement, réduisaient son séjour à une simple halte, le temps de boire une chope de bière. Quoi qu'il en fût, le passage de Dickens à Myronton était dûment mentionné dans tous les guides de la région, et valait à la bourgade un apport constant de visiteurs, d'un bout à l'autre de l'année. En dehors du *Cochon-qui-pêche,* Myronton n'avait pour attraits que son supermarché flambant neuf, sa boutique d'articles pour chiens, son cinéma, son magasin d'installations sanitaires. Mais les touristes consciencieux – ceux qui avaient lu tout Dickens et ceux qui n'en liraient jamais une ligne – parcouraient la grand-rue d'un bout à l'autre et contemplaient religieusement les vitrines, même si rien ne prouvait que l'auteur des *Grandes espérances* eût un jour posé les yeux sur ces couvertures chauffantes, ces pommeaux de douche et ces tondeuses à caniche.

Pour ses heureux habitants, Myronton, malgré tous ses charmes, manquait d'un équipement essentiel : une plage à proximité. La côte étant à cinquante kilomètres, la mer ne montait jamais jusque-là, même par les plus fortes marées. C'étaient donc les Myrontoniens qui descendaient à la mer, en général le dimanche, dès les premières douceurs printanières. En été, cette transhumance prenait des allures d'exode. Aux heures de pointe, sur l'autoroute, les automobiles avaient tout de chenilles processionnaires. C'était ce convoi solennel qu'Albert Hollins voulait éviter. Rouler au pas lui donnait des aigreurs d'estomac. Aussi sonnait-il le rappel, chaque dimanche, dès que l'ombre de son transat s'allongeait de façon suspecte sur le sable blanc.

Albert Hollins scrutait l'horizon.

– Mais enfin, où est-il passé, ce garçon ? Et tu as vu l'heure qu'il est ? Le temps qu'on arrive sur la M20, ce sera du quinze à l'heure, pare-chocs contre pare-chocs !

– Si tu allais à sa recherche, pendant que je rassemble les affaires ?

– J'y vais, et permets-moi de te dire : quand je l'aurai retrouvé, il passera un mauvais quart d'heure !

Mais Edgar Hollins, à cet instant, passait déjà un mauvais quart d'heure – un très mauvais quart d'heure –, et cela depuis une demi-heure. Non seulement il était perché sur une minuscule saillie à l'endroit le plus vertigineux de la falaise, mais il avait trouvé le moyen de se tremper de la tête aux pieds, et la jambe droite de son pantalon s'ornait d'un superbe accroc.

Tout s'était passé très vite. Son ptérodactyle de toile était allé s'empêtrer une aile dans un arbuste épineux embusqué au flanc de la falaise. Edgar, volant à son secours, avait buté sur un galet et s'était étalé dans une flaque. Peu après, comme il se lançait à l'assaut de la paroi rocheuse, son pantalon s'était accroché à quelque chose de pointu, et n'avait suivi le mouvement qu'avec un craquement éloquent. Et pour couronner le tout, il se trouvait à présent dans une situation précaire et n'osait plus ni monter ni redescendre.

Pour la cinquième fois en une demi-heure, il se disait : « Restons calme. Etudions la situation. »

Cinq mètres au-dessus de lui, son cerf-volant grimaçait, tête en bas comme une chauve-souris. Cinq mètres au-dessous de lui, les vagues léchaient la roche au bas du promontoire.

Mais Edgar n'était pas de ceux qui baissent les bras à la première difficulté. Au contraire, il les étira, se trouva une prise pour chaque main, puis chercha où poser un pied. Cette protubérance moussue ferait l'affaire. Prudent, avant de se hisser, il testa la solidité de l'appui. Bien lui en prit : la fausse marche céda sous son poids. Mousse et pierraille, à grand fracas, s'en allèrent rouler dans le vide.

Edgar avala sa salive et doucement, très doucement, il reprit sa position de départ.

Mais cela ne rimait à rien de rester là, comme un bibelot sur une étagère, le nez contre la paroi. Sans hâte, Edgar se retourna, il s'assit sur ses talons et décida d'attendre un peu avant de tenter un nouvel essai.

C'est alors qu'il aperçut le galet. Un énorme galet beige, rond et lisse, à demi encastré dans une anfractuosité de la roche.

Un galet ? A cette hauteur ?

Un boulet de canon, alors ? Non. Des boulets, Edgar se souvenait d'en avoir vu dans un musée ; c'était plus rond, plus sombre, et nettement plus petit.

D'une main précautionneuse, il effleura l'objet. Le contact n'évoquait pas celui du métal ; décidément, ce n'était pas un boulet de canon. Mais le toucher n'évoquait pas la pierre non plus ; il ne pouvait pas s'agir d'un galet.

Mais alors, qu'est-ce que c'était donc ?

Edgar allait renoncer, et reprendre sa tentative d'escalade, lorsque, en caressant sa trouvaille, il fit une nouvelle découverte : elle n'était pas coincée dans la roche. Calée dans un creux, sans plus. Edgar glissa ses mains dessous et, retenant son souffle, il souleva l'objet.

C'était bien moins lourd qu'un galet, et ce n'était pas si rond, à mieux y regarder. La partie jusqu'ici encastrée dans la roche était légèrement allongée, oblongue, un peu comme... un peu comme un œuf.

Le cœur d'Edgar se mit à battre fort. Cette chose en forme d'œuf géant – un œuf de vingt centimètres de large et près de trente centimètres de long –, il savait ce que c'était. Il n'en avait jamais vu en vrai, mais c'en était un, il en était sûr. D'ailleurs, il n'y avait pas à s'y tromper. Ce ne pouvait être autre chose.

Agenouillé sur la corniche étroite, Edgar tenait sa trouvaille sur son cœur – sans trop serrer, de peur de la casser. Et ce n'était pas un rêve. La preuve : il clignait des yeux, ce qui n'est pas possible en rêve. Et il sentait l'air salé, alors que les rêves n'ont pas d'odeur. Non, il n'avait pas la berlue. Et ce qu'il tenait là, dans ses bras, c'était un superbe fossile d'œuf de dinosaure.

2

En matière de dinosaures, Edgar Hollins était très calé. Depuis des années déjà – depuis qu'il savait lire – il s'était fait une spécialité de la préhistoire. Les animaux surtout le passionnaient, et plus que tout les grands dinosauriens. Il dévorait tout ce qu'il pouvait trouver sur ces bêtes, dans les revues, les encyclopédies. Il avait déjà lu et relu tout ce que la bibliothèque municipale possédait sur ce thème, il savait tout du diplodocus mangeur d'algues, du féroce allosaurus, de ce pataud de brontosaurus et du plus énorme de tous, le redoutable tyrannosaurus Rex. Il avait un faible pour le stegosaurus, à cause de ses plaques hérissées sur le dos. Il s'en était confectionné un en carton – et en réduction, bien sûr. C'était même la pièce maîtresse de son petit musée personnel, sur l'établi de son père, dans la cabane à outils du fond du jardin. Les fossiles le captivaient. L'été précédent, dans le Dorset, il avait recueilli des ammonites ; une si belle collection que sa valise n'avait pas survécu à ce retour de vacances. Elles aussi faisaient l'orgueil de son musée. Pour les mettre en valeur (elles étaient un peu toutes semblables), il avait dévolu le contenu de sa tirelire à l'achat d'un magnifique trilobite, et de deux superbes bélemnites d'au moins deux cent cinquante millions d'années.

Mais tous ces trésors n'étaient rien au regard de celui qu'il tenait contre son cœur. Emu, il fermait les yeux pour mieux voyager en pensée dans le jurassique et le crétacé lorsqu'un éclat de voix qui n'avait rien de préhistorique le ramena au temps présent.

– Edgar ! Qu'est-ce que tu fabriques ?

Au bas de la falaise, les poings sur les hanches, son père fulminait.

– J'essaie de rattraper mon cerf-volant, Papa.

– Vraiment ? Changé en statue et les yeux fermés ? Redescends immédiatement !

– Je ne peux pas, répondit Edgar. Je suis bloqué.

– Bloqué ? Tu as bien trouvé le moyen de grimper là, non ? Si tu es monté, tu peux redescendre. Et dépêche-toi. Sinon, le temps qu'on rejoigne l'autoroute, on est bons pour cinquante kilomètres de bouchons.

Edgar se garda bien de contredire son père. L'estimation était pessimiste, mais pas forcément exagérée : de la plage à la maison, le trajet faisait exactement cinquante kilomètres.

– Au fait, s'avisa son père, qu'est-ce que tu tiens là, dans tes mains ?

– Quoi... ça ?

– Oui, cette chose. C'est un champignon ? Une énorme vesse-de-loup ou quoi ?

– Non, c'est un fossile, Papa.

– Un fossile ? Encore un fossile ?

Encore une de ces vieilleries à encombrer ma cabane à outils ? Laisse donc le passé où il est, mon garçon. Pense à l'avenir. Pense à demain. L'important est de savoir où tu seras demain.

– Demain ? Je serai sur cette corniche, Papa, si tu ne viens pas à mon secours.

Albert Hollins hocha la tête. Décidément, cette passion pour la préhistoire ne mènerait son fils nulle part.

Il haussa les épaules.

– J'ai une corde dans le coffre, je vais la chercher tout de suite. Ne bouge pas, je reviens par le haut de la falaise. Je te lancerai cette corde pour t'aider à monter. Ce sera plus simple, je crois, que de te faire redescendre.

– Merci, Papa.

– J'en ai pour une minute. Surtout, reste où tu es.

Albert Hollins tournait les talons lorsqu'un doute lui vint à l'esprit :

– Tu n'as pas mouillé tes habits, au moins ?

– Euh, mouillé, non. Juste un peu humecté.

– Et tu ne t'es rien déchiré ?

– Pas vraiment. Un minuscule accroc, c'est tout.

– Attends un peu que ta mère le sache ! Enfin, mais comment te débrouilles-tu ? Moi aussi, j'ai passé une journée à la plage. Est-ce que j'ai l'air de revenir de bataille ?

Là-dessus, Albert Hollins s'éloigna pour de bon.

– Papa ! le rappela Edgar.

– Oui, quoi encore ?

– Et pour mon fossile, comment on va faire ?

– Le laisser où il est !

– Le laisser ? Mais Papa, c'est un œuf de dinosaure. Un fossile rarissime ! En plus, il est très vieux, tu sais. Au moins deux cents millions d'années !

– Quand même ce serait un œuf de cane frais pondu, je n'en voudrais pas davantage ! J'ai passé l'aspirateur dans la voiture pas plus tard qu'hier. Et ma pauvre cabane à outils est bien assez encombrée comme ça !

– Mais Papa...

Peine perdue. Albert Hollins s'éloignait d'un pas sévère.

Edgar fronça les sourcils et réfléchit.

Interdiction paternelle ou pas, ce précieux fossile, il le garderait.

Il jeta un coup d'œil vers le bas de la falaise. Redescendre n'était peut-être pas si périlleux, après tout ? S'il y parvenait seul, avant le retour de son père, il pourrait peut-être... Oui, mais comment descendre cet œuf aussi ?

Alors, il eut une idée.

C'était simple comme bonjour. Il retira son blouson, noua les manches, s'en fit une sorte de balluchon qu'il se passa à l'épaule. Puis, prenant le fossile à deux mains, il le glissa à l'intérieur de ce sac improvisé, bien calé entre les replis. La pointe de l'œuf lui chatouillait le dos entre les omoplates, mais c'était supportable. Il ne restait plus qu'à se débrouiller pour descendre.

A sa surprise, l'opération se déroula sans encombre. Toute l'astuce était de procéder le nez contre la paroi. D'abord, on ne voyait pas le vide ; et se plaquer contre le roche était beaucoup plus facile. Mais la vérité est surtout qu'Edgar se souciait tant pour son trésor qu'il en oubliait le reste.

Sitôt en bas, il s'élança au trot vers la

crique et le sentier qui montait à la voiture.

Au même instant, son père s'approchait du rebord de la falaise, un rouleau de corde à l'épaule. De temps à autre, il se tordait le pied à l'entrée d'un terrier de lapin et poussait un juron étouffé.

– Et pendant ce temps, grommelait-il, la M20 commence à bouchonner.

D'après sa femme, Albert Hollins redoutait tant les embouteillages qu'il lui arrivait d'en rêver la nuit. La vérité, plus probablement, est qu'Euphemia rêvait parfois qu'elle se trouvait avec son mari au milieu d'un embouteillage, situation qui tenait du cauchemar.

Au bord de la falaise, à l'aplomb de l'endroit où Edgar devait se trouver, Albert Hollins s'agenouilla et tendit le cou vers le vide.

Rien.

Pourtant, c'était bien là, il en était certain. D'ailleurs le cerf-volant marquait l'emplacement, quelques mètres plus bas. Mais Edgar ? Où était-il passé ?

Inquiet, Albert inspecta les rochers en contrebas. Pas d'Edgar. C'était rassurant, en un sens : il n'était donc pas tombé en essayant, peut-être, de se tirer de là seul. Le mystère demeurait : où était-il passé ?

– Satané gamin, grommela son père. J'ai l'air de quoi, moi, à voler au secours d'un oiseau qui s'est volatilisé ?

Alors, sa corde à l'épaule, il repartit vers la voiture en se tordant les chevilles dans chaque terrier de lapin.

Au-dessus de lui, deux goélands s'éloignaient à tire-d'aile. Euphemia venait de refermer le panier à pique-nique. La distribution de sandwichs au sable était terminée.

A perte de vue, ce n'était qu'automobiles, sagement enfilées comme des perles le long de l'autoroute, avec ici et là un autocar pour faire bonne mesure. Ce collier à double rang ne progressait qu'à une lenteur extrême. Après chaque dizaine de mètres, ou plutôt chaque fois que la guirlande s'immobilisait de nouveau après avoir parcouru dix mètres, Albert Hollins laissait échapper un soupir d'agonisant. Pour finir, n'y

tenant plus, il pressa rageusement sur son avertisseur.

La contagion fut immédiate. Devant, derrière, sur les côtés, des coups d'avertisseur prolongés fusèrent en cacophonie. Cela tenait du carillon fou, de l'alerte aérienne, du concert de casseroles.

– Tiens ! ça me fait penser, dit Euphemia, ouvrant son sac à main. J'ai une question à vous soumettre, à vous deux. A votre avis, combien de décibels un lave-vaisselle Calmit libère-t-il au séchage : soixante-dix ? cinquante-deux ? quarante-sept ?

– C'est une question de concours, bien sûr, grogna Albert. Qu'est-ce qu'on gagne ?

– Un week-end pour trois à l'île de Sercq, l'île sans automobiles. Un week-end de calme et de silence.
– Ce serait chouette si tu gagnais, s'enthousiasma Edgar. Au moins, là-bas, il n'y a pas d'embouteillages !
– Toi, tu ferais mieux de te taire, gronda son père en le foudroyant du regard dans le rétroviseur. C'est de ta faute si nous en sommes là, j'espère que tu t'en rends compte.
– Désolé, Papa, bredouilla Edgar.
– Mouais, bougonna son père.
– Tu peux l'être, désolé, renchérit sa mère. A cause de toi, ce soir, je devrai veiller tard pour finir de remplir ces cartes. Et je n'ai pas le choix. C'est demain la date limite.

Il y eut un silence tendu. La file s'ébranlait à nouveau. Quelle distance allaient-ils parcourir cette fois ?

Au bout de vingt mètres, la Volvo qui les précédait s'arrêta pile. Albert Hollins poussa un soupir qui avait tout d'un rugissement.
– Tu vois ? Tu vois ? dit-il à Edgar. C'est de ta faute ! Sans toi, nous serions à la maison, en train de tout remettre en

place. Oh ! à propos, qu'as-tu donc fait de ce vieux trucmuche que tu avais ramassé, tout à l'heure ?

– Quel trucmuche ? demanda Edgar d'un ton innocent.

– Cette chose grise que tu serrais sur ton cœur, à croire que tu voulais la couver. Où l'as-tu mise ?

– Oh, tu veux parler du fossile ?

– Peu importe le nom. Tu ne l'as plus, n'est-ce pas ?

Edgar ouvrit les bras.

– Nn... non, je ne l'ai plus.

– Ah. J'aime mieux ça. J'en ai assez de voir ma cabane à outils changée en souk bourré de vieilles choses mortes.

Euphemia toucha le bras de son époux.

– Je crois qu'on se prépare à avancer encore, chéri. Regarde.

Albert Hollins délaissa son fils au profit de la Volvo rouge. Aucun doute, elle bougeait. Mieux, elle prenait de la vitesse. Le convoi entier s'ébranlait pour de bon, ô joie ! Avec un soupir soulagé, le père d'Edgar embraya – et il oublia tout des vieilles choses qui encombraient sa cabane à outils.

Sur la banquette arrière, c'est un soupir de soulagement qu'Edgar ravala sans bruit. Il n'avait pas vraiment menti, non, mais pas non plus vraiment dit la vérité lorsqu'il avait assuré n'avoir plus l'œuf de dinosaure.

Certes, il ne l'avait plus dans les mains, il ne l'avait plus sous les yeux. Mais il n'avait pas davantage abandonné sa trouvaille aux mouettes et aux éléments. Elle était là, juste derrière lui, camouflée sous son anorak dans le coffre de la voiture – où il l'avait cachée en hâte pendant que son père arpentait la falaise.

D'un bouchon d'autoroute à l'autre, en ce dimanche soir de printemps, l'œuf fossile cheminait doucement vers son destin, bien au chaud dans le coffre de la petite Austin des Hollins.

3

Les premières preuves de l'existence de sauriens géants aux époques préhistoriques ont été fournies par l'empreinte de pattes gigangesques, découvertes en Amérique voici plus d'un siècle et demi. Peu après, on mettait au jour les premiers restes fossilisés de ces animaux. Avec le temps, les découvertes se multipliant, les paléontologues ont pu reconstituer le squelette de bon nombre d'espèces, et déterminer ainsi à quoi devaient ressembler ces créatures titanesques.

Durant l'ère secondaire (qui débuta il y a deux cent vingt-cinq millions d'années et prit fin il y a soixante-cinq millions d'années environ), les reptiles géants furent les maîtres de la terre ferme. Parmi ces grands sauriens (du grec « sauros », *lézard, reptile), les plus prospères furent les dinosauriens (du grec* « deinos », *terrible, monstrueux) et les ptérosauriens (du grec* « pteros », *aile).*

Les dinosauriens sont généralement répartis en deux groupes...

Edgar tourna la page. Un grand tableau en couleurs s'étalait sur la double page suivante : *Evolution : Reptiles, Dinosauriens et Oiseaux.* D'une main distraite, Edgar prit un toast dans le grille-pain et se mit à le grignoter sans même le tartiner de confiture. La double page était fascinante : un superbe diplodocus allongeait le cou pour contempler le vol gracieux d'un ptéranodon, un tricératops faisait les yeux doux à un ankylosaurus ébahi. Mais Edgar ne s'y attarda pas. Ce n'était pas là qu'il trouverait le renseignement qu'il cherchait.

Il continua de feuilleter. C'était toujours la même chose : dans tous ces livres, on vous expliquait pourquoi chacune de ces bêtes avait reçu tel ou tel nom (détail qu'en général Edgar connaissait depuis longtemps), mais on ne vous y parlait pas de leurs œufs, ou très peu. Sur cet ouvrage-là, par exemple, il y avait bien une planche qui représentait un oviraptor (rouge brique, et monté sur de longues pattes) en train de piller le nid d'un couple de protocératops, mais les œufs y ressemblaient à des œufs de cane géants, c'était tout ce qu'on en voyait.

« Ce qui serait bien, songeait Edgar, ce serait une planche qui montrerait les différentes sortes d'œufs, comme dans mon *Guide des oiseaux*... Comme ça, je pourrais identifier le mien. »

Il avala une gorgée de lait et contempla un instant un polacanthus au regard triste de tortue désabusée. « D'abord, songeait-il, c'est complètement idiot de les avoir appelés les "lézards monstrueux". Ils n'étaient pas plus monstrueux que nous. Et pas plus féroces, en général. »

En quoi Edgar n'avait pas tort. Le brachiosaurus de la page suivante, par exemple, était un animal pacifique. Il avait beau peser une cinquantaine de tonnes, il se nourrissait d'algues et de plantes molles, et passait le plus clair

de son temps à patauger dans l'eau des fleuves. Sans doute parce que l'eau allégeait le poids de son propre corps, un peu excessif pour ses pattes, sans doute aussi parce que son cerveau minuscule ne lui permettait guère de ruser pour échapper à ses ennemis.

« Oui, et le diplodocus et le brontosaure et le stégosaure, renchérissait Edgar en pensée, eux aussi étaient herbivores. Ils n'étaient donc pas si terribles. »

Il s'avisa soudain que son pain grillé était un peu sec. Voulant attraper le beurre, il renversa la marmelade.

– Hé ! s'indigna son père, qui dégustait son thé matinal en parcourant son journal. Regarde ce que tu fais !

– Oh, désolé, bredouilla Edgar, et il marmotta très bas : dino-Papa, le terrible Papa.

– Quoi ? s'informa son père, le sourcil soupçonneux.

– J'ai dit : désolé.

– Il m'a semblé entendre autre chose.

– Pas du tout, simplement je suis en train de lire ce livre sur les animaux préhis...

– Combien de fois t'ai-je dit : on ne lit pas à table ? D'ailleurs, il est l'heure de partir pour l'école, non ? Il est huit heures passées, tu vas manquer ton bus.
– Il n'y a pas d'école, aujourd'hui, Papa. Ce sont les vacances de printemps.
– Les vacances, les vacances ! C'est toujours les vacances, ma parole !

Euphemia qui arrivait en trombe interrompit ce dialogue déjà maintes fois entendu.
– Avez-vous terminé la marmelade d'orange ? Il me faudrait le pot, pour l'étiquette. J'en ai besoin pour un concours.
– Qu'est-ce que tu vas gagner, cette fois ? s'enquit son mari, goguenard.
– Un stage de deltaplane en Haut-Adige, répondit Euphemia. Pour une personne. (Elle jugea plus sage de changer de sujet.) N'est-il pas bientôt l'heure que tu ailles à ton bureau ?

Albert replia son journal.
– Si, et je ferais mieux de ne pas traîner. A l'heure qu'il est, le lundi, la circulation est infernale entre la rue Copperfield et l'avenue Pickwick.

– Bonne journée, chéri, lui dit Euphemia en glissant la pointe d'un couteau sous l'étiquette du pot de marmelade. Amuse-toi bien, ne te surmène pas !

– Mmmmff, grogna Albert qui enfilait son imperméable.

Le risque de se surmener ne lui semblait pas excessif, celui de s'amuser plus mince encore.

Albert Hollins était employé dans une fabrique d'ornements de jardins – une entreprise qui confectionnait des nains, des faons et des champignons destinés à orner les pelouses. Tout récemment, le catalogue s'était enrichi d'un buste de Charles Dickens qui se vendait à merveille. La firme en exportait jusqu'au Japon, mais personne n'aurait su dire si l'auteur vénéré flirtait avec Blanche-Neige sous les cerisiers en fleur ou s'il trônait plutôt sur l'autel des ancêtres.

A la porte, Albert se retourna et jeta vers son fils un long regard d'envie. Quelle chance avait ce gamin de ne pas passer ses journées vissé devant un écran, à surveiller l'évolution de stocks

de nains, de faons, de champignons et de bustes de Dickens !
– A ce soir, lança-t-il à son rejeton. Et tâche d'être sage. Que je ne découvre pas dans les journaux du soir que tu as attaqué la banque !

C'était la formule rituelle.

– Promis, Papa, répondit Edgar.

C'était aussi la formule rituelle.

La porte se referma sur son père. Sa mère empoigna la théière.

– Allez, ouste ! Va jouer, maintenant, que je débarrasse la table ! dit-elle en posant sur le coin du buffet la précieuse étiquette enfin décollée (et juste à moitié déchirée).

Le rédacteur en chef du *Myronton Guardian* toisait le jeune reporter de son regard d'acier. Sa moustache frémissait.

– Ce qu'il me faut, c'est un scoop. Un vrai. Quelque chose qui sorte de l'ordinaire.

– Oui, sir, dit le jeune homme, tirant son carnet de sa poche pour le feuilleter d'un doigt fiévreux. Euh, mardi soir à vingt heures, les Amis de Charles Dickens se réunissent au *Chat-qui-fume* pour...

– Les Amis de Charles Dickens se réunissent au *Chat-qui-fume* tous les mardis soir, gronda le rédacteur en chef.

– Euh, pas tout à fait, sir. Seulement le deuxième mardi du mois.

– Ne pinaillons pas, je vous prie. Quoi d'autre ?

Le jeune reporter feuilleta son carnet au petit bonheur.

– Je pourrais aller faire un tour à la fabrique d'ornements de jardins.

– Pour quoi faire ?

– Il paraît... Euh, je crois qu'ils sont en train d'étudier un nouveau modèle – une « mouette effleurant la vague du bout de l'aile », à ce qu'on m'a dit.

– Evidemment. Une mouette en plein vol, c'est nettement plus difficile à reproduire en statue.

– Bref, je pourrais prendre un photographe avec moi et...

– Et pour la dixième fois en six mois nous publierions en pages centrales un de ces prétendus ornements en gros plan ? Le mois dernier, c'était une biche, voilà quinze jours une ammanite

tue-mouches. Non et non. Vos objets d'art en plâtre ou en plastique, je n'en VEUX PLUS ! C'est clair ?
– Très clair, chevrota le jeune reporter.
– Et maintenant, mon garçon, à vous de jouer ! Parcourez les rues, flairez, tendez l'oreille. Et ne revenez ici qu'avec un scoop. Une exclusivité. Du jamais vu. Compris ?
– Oui, sir. Mais... Là, maintenant, tout de suite ?
– Bien sûr, tout de suite. Pourquoi ?
– C'est que... En ce moment, il pleut.
Le rédacteur en chef vira au rouge betterave et le jeune journaliste comprit. Déluge ou pas, il lui fallait son scoop.

La porte de la bibliothèque se referma derrière Edgar avec un claquement sec. Il fit halte un instant sous le porche, face à la rue noyée sous l'averse. Il releva le col de son blouson et transféra l'œuf de dinosaure sous son autre bras. Curieux comme c'était lourd, pour quelque chose de vide. La coquille devait être étonnamment épaisse.

Edgar venait de passer une heure dans les rayons de la section sciences naturelles, une heure de vaines recherches. Même les plus grosses encyclopédies, celles qu'on devait consulter sur place, restaient à peu près muettes sur les œufs de dinosaure. Il s'était consolé avec un article passionnant sur l'énorme antromedus, dont la gueule s'ouvrait si grande qu'il avalait entières des proies plus grosses qu'un bœuf. Et dans un autre ouvrage il avait découvert un superbe portrait de styracosaurus, avec son bec de perroquet et son crâne hérissé de piquants. Il avait aussi appris que les dinosaures appartenaient à la famille des archosauriens, ce qui signifiait à peu près les « reptiles-en-chef », et pour une fois il était d'accord avec les racines grecques.

En vérité, il avait repéré un autre ouvrage sur les animaux préhistoriques – un gros, qu'il n'avait encore jamais vu. Perché sur la dernière étagère, il semblait assez récent. Et il était dans la section des livres qu'on pouvait emprunter. Peut-être était-ce là-dedans que se trouvait ce dont il rêvait : une planche d'identification des œufs de dinosaure ?

Hélas, Edgar n'avait pas eu le temps d'attraper le volume convoité. Comme il s'étirait sur la pointe des pieds, une tape sur l'épaule l'avait fait sursauter.

– Dis voir, gamin, l'avait apostrophé le gardien, sérieux comme un pape dans son uniforme. C'te pierraille, là, par terre, enroulée dans le cache-nez rouge, c'est à toi ?

– Ce n'est pas une pierraille, avait protesté Edgar. C'est un fossile.

– Fossile ou pas, c'est interdit ici. Tu connais le règlement : pas d'animaux, pas de parapluies, pas de paquets, pas

d'objets volumineux dans les salles de lecture. Le vestiaire est là pour ça.

– Ce n'est pas un paquet... avait voulu protester Edgar, mais il s'était ravisé.

Ce n'était ni un paquet ni un parapluie ; mais c'était volumineux et c'était presque un animal, aussi.

Il avait donc repris son œuf et à présent, planté sous le porche, il attendait la fin de l'averse.

A ses côtés, un grand rouquin feuilletait un carnet détrempé en mordillant son crayon.

Le jeune reporter du *Myronton Guardian* n'avait pas eu de chance non plus.

Il était allé se poster à l'entrée de la caserne de pompiers, dans l'espoir que la fabrique de pétards aurait le bon goût de flamber. Hélas, c'était une matinée sans histoire. Pas de fausse alerte, pas de feu de cheminée, pas le moindre chaton à cueillir en haut d'un prunier. Les pompiers avaient mené à bien leur partie de belote bridgée sans être dérangés une fois.

Las d'attendre, notre homme était allé traîner ses basques du côté du *Chat-qui-fume*. Mais il n'y avait rien appris de bien nouveau, sinon que le prix de l'expresso avait encore augmenté, ce qui intéressait son portefeuille plus que son rédacteur en chef. Et maintenant, coincé par l'averse, il battait la semelle sous le porche de la bibliothèque municipale, à côté d'un petit garçon à l'air morose.

Un scoop, rapporter un scoop... Il en avait de bonnes, le patron ! Pour chasser le scoop, il fallait patrouiller. Et par un temps pareil, c'étaient des coups à attraper la crève.

Ecœuré, le jeune reporter retira son chapeau gorgé d'eau et le secoua d'un geste énergique. Edgar fit un saut de côté. Du bout de son écharpe, il essuya le fossile qui s'était fait un peu asperger.

– Oh, pardon, dit le journaliste. (Du menton, il désigna le fossile.) J'espère que ça ne craint pas l'eau.

– Moi aussi, répondit Edgar. Je ne sais pas trop.

– Ah bon ? Qu'est-ce que c'est ? s'informa le journaliste, modérément intéressé.

– Un œuf de dinosaure. Un fossile.
– Un fossile ? s'étonna le journaliste. (Il avait été au collège aussi nul en biologie qu'en histoire où en géologie.) Je croyais que c'étaient des pierres en forme d'escargot ?
– Ah, vous voulez dire les ammonites, rectifia Edgar, indulgent. Les empreintes d'ammonites sur le calcaire. Non, c'est un œuf fossilisé. Il a au moins cent millions d'années.
– Tant que ça ? dit le journaliste, flairant l'aubaine mais n'osant y croire. Et à qui appartient-il, ce fossile ?
– A moi, déclara Edgar. C'est moi qui l'ai trouvé.

Le cœur battant, le journaliste cherchait une page de carnet moins détrempée que les autres.
– Et tu t'appelles comment ? Tu habites où ?
– Je m'appelle Edgar Hollins. J'habite ici.
– Ici ? (Le journaliste ne se sentait plus de joie.) A Myronton ? Mais c'est une nouvelle locale, alors ?
– Oui. Pourquoi ? C'est bien ?
– C'est formidable, oui ! rugit l'autre en

extase. Tu voudrais bien me suivre au journal, qu'un photographe puisse prendre un cliché de ton... de ton ammonite ?
– Je veux bien, consentit Edgar. Mais ce n'est pas une ammonite. C'est un œuf de dinosaure.

Angus MacGuddy, photographe attitré du *Myronton Guardian*, ne partageait pas l'enthousiasme du jeune journaliste. Il examinait le fossile sur toutes les coutures, marmonnant dans sa barbe.

Enfin, il laissa tomber :
– Et tu voudrais que je tire le portrait de cette chose, Dooding ?
– Ouaip. En gros plan.
– Et tu comptes le publier où, ce cliché ? Dans l'édition de ce soir ?
– Absolument. En première page. C'est un, euh, une ammonite de dinosaure qui a au moins cent mille milliards d'années, et qui...
– C'est un œuf de dinosaure, rectifia Edgar. Un œuf fossilisé. Il n'a que cent millions d'années, en réalité.
– Exact, approuva le journaliste. Et c'est ce jeune homme en personne qui

l'a trouvé. Il habite notre bonne ville, c'est donc un scoop local. C'est bon pour la une, ça, MacGuddy !

– Ah ouais ? fit MacGuddy, sceptique. Et le patron, à propos, qu'est-ce qu'il en dit ? Tu lui en as parlé ?

– Pas encore. Je tiens à lui en faire la surprise.

– Mouais, marmonna MacGuddy. Tu prends tes responsabilités. Mais je te rappelle que le patron, sauf exception, il aime autant les nouvelles fraîches. Lui, ce qui l'intéresse, c'est ce qui vient d'avoir lieu. Il y a cinq minutes, il y a une heure ; hier à la très grande rigueur.

– Justement ! triompha le journaliste. C'est hier qu'elle a été trouvée, cette ammo... cette chose, n'est-ce pas, petit ?

– Hier après-midi, précisa Edgar.

– Bon, se résigna le photographe. Seulement, moi, votre merveille, je peux pas la photographier comme ça ; il me faut un détail pour donner l'échelle. Sinon, sur le cliché, on ne fera pas la différence avec un vulgaire œuf de caille.

– Y a qu'à photographier le gosse avec, suggéra le journaliste. (Sa propre ingéniosité lui donnait le vertige.) Puisque c'est lui qui l'a trouvée. Pour les concours de pêche, tu photographies bien le pêcheur et son poisson, non ?

– Pour les concours de pêche, y a plus de lumière que dans ce trou à rat par ce temps pourri. Bon, enfin. Viens par ici, petit. Perche-toi sur ce meuble, là, devant la fenêtre...

Edgar prenait la pose, son précieux œuf contre l'estomac, lorsque le rédacteur en chef fit son apparition dans la pièce.

– Mais que... ? Veux-tu descendre de là, toi ! Tu te crois dans la jungle, peut-être ? Et vous, Dooding, je vous croyais à la recherche d'un scoop ?

– Je le tiens, sir. Regardez : un œuf d'ammo... un œuf de fossile, tout juste découvert par un gosse du pays, que voici.

– C'est un œuf fossilisé, expliqua Edgar du haut du classeur à dossier. Un fossile de l'ère secondaire.

Le rédacteur en chef prit le plafond à témoin :

– Un fossile ! De l'ère secondaire ! Pour de l'actualité, c'est de l'actualité ! Des-

cends de là, mon garçon. Les fossiles, c'est bon pour les musées. Pas pour la une d'un quotidien toujours en avance d'une nouvelle !

Et, d'un pas digne et ulcéré, le rédacteur en chef regagna son bureau.

4

– Incroyable ! murmurait Albert Hollins derrière son journal. C'est la troisième fois en six semaines.

– Qu'est-ce qui est la troisième fois en six semaines ? s'enquit Euphemia sans cesser de cocher des cases sur son bulletin de participation au Grand Loto des pâtes Gluhy.

– Cet article, dans le journal. Ils parlent encore de notre usine et de nos fabrications. « A la pointe du progrès... Une firme dynamique... Championne de l'exportation... » Il y a même la photo d'un gnome en train de se faire peindre par un de nos ouvriers. Pas fameuse, d'ailleurs, la photo. Je n'ar-

rive même pas à distinguer si c'est Cyril ou Harry.
– Parce que vous leur donnez des noms, maintenant, à vos nains ? dit Euphemia.
– Je ne te parle pas du nain, je te parle de celui qui le peint ! s'irrita Albert Hollins.

Et il se tut derrière son journal.

Dans le fauteuil voisin, Edgar avait regagné le crétacé.

L'oviraptor était un petit dinosaure rusé qui vivait il y a environ cent millions d'années. Son nom de « voleur d'œufs » définit assez bien le mode de vie de cet animal : il s'était spécialisé dans le pillage des nids des autres dinosaures.

L'une des victimes favorites de l'oviraptor était le protocératops, le « saurien à tête cornue », qui mesurait dans les deux mètres de long et semblait beaucoup plus féroce qu'il ne l'était en réalité, puisqu'il semble qu'il se nourrissait surtout de végétaux coriaces tels les feuilles de palmier...
– Incroyable ! s'écria Albert Hollins pour la seconde fois de la soirée, avec plus de conviction encore que la première.

– Qu'est-ce qui est incroyable, chéri ? s'informa Euphemia de nouveau, tout en cochant le numéro 23 parce que c'était le numéro de leur maison et celui de leur anniversaire de mariage.

– Ton fils. On parle de lui dans le journal.

– Edgar ? C'est peut-être un autre Edgar Hollins, tu sais.

– Un autre Edgar Hollins qui habiterait aussi au 23, rue Nicholas-Nickleby ? Parce que c'est ce qui est écrit ici : « Un enfant de notre ville découvre une ammonite. » Qu'est-ce que c'est que cette histoire d'ammonite, Edgar ?

– Je crois que c'est du fossile qu'il s'agit, balbutia Edgar. Le journaliste confondait avec une ammonite.

– Rhhhmm, grogna Albert, et il poursuivit à voix haute : « Dimanche après-midi, lors d'un pique-nique au bord de la mer en compagnie de ses parents, l'un de nos jeunes concitoyens, Edgar Hollins, onze ans et demi, demeurant 23, rue Nicholas-Nickleby, a fait une découverte rarissime et du plus haut intérêt...

– Tu as vu ? fit remarquer Euphemia. On parle de nous aussi, dans l'article. « ... Cette ammonite, qui semble dater d'au moins cent milliards d'années, pourrait bien être l'œuf d'un animal d'une espèce éteinte à jamais. »

– C'est tout ? s'enquit Euphemia.

– C'est tout, et c'est déjà beaucoup trop ! s'emporta son mari. Edgar, une petite question. Cet objet, ammonite ou autre, on peut savoir où il est à présent ?

– Je l'ai mis ailleurs.

– Ailleurs où ?

Edgar eut un geste évasif.

– En sécurité.

– En sécurité dans ma cabane à outils, c'est ça ?

– Euh, hésita Edgar. Mmmm.

– Il me semblait t'avoir précisé que je ne voulais plus voir tes vieilleries traîner dans ma cabane à outils ?

Edgar ne répondit pas. Son père délaissa son fauteuil et se mit à arpenter la pièce, tel un tyrannosaure en maraude.

– Au fait, reprit-il, dis-moi. Cette ammonite de dinosaure. Ce ne serait pas cette

horreur que tu serrais dans tes bras, hier, quand tu étais sur la falaise ?
– Si, avoua Edgar très bas.
– Il me semblait t'avoir dit de la jeter ?
– Euh oui, admit Edgar. Je... Je crois que j'ai oublié.
– Et tu as oublié aussi de me signaler que tu avais oublié de la jeter, c'est ça ? Tu ne trouves pas que ça fait beaucoup d'oublis pour un seul homme ?

Edgar contemplait une fleur du tapis.

– Mais ce n'est pas irrémédiable, heureusement, reprit son père. Je connais le remède. Je vais la jeter moi-même, cette horreur, pour plus de sûreté. Parce que les choses que je jette, moi, elles sont jetées et elles le restent, crois-moi.

« Papa oviraptor », songea Edgar, vengeur. Mais cette fois il se garda bien de prononcer l'injure, même à voix basse.

A Myronton, depuis longtemps, ce n'était plus le chant du coq qui célébrait le retour du jour, mais bien le joyeux *clanguedang* des poubelles et le doux ronronnement du camion des éboueurs. D'ordinaire, Albert Hollins se contentait de consulter sa montre machinalement. Ce concert matinal signifiait qu'il n'avait plus qu'une vingtaine de minutes avant de partir au travail. Mais ce matin-là il prit la peine

d'aller épier l'opération depuis la porte. Puis il revint, en sifflotant, s'asseoir devant son œuf à la coque.

Edgar baissa le nez vers son bol de müesli. Ce sourire satisfait de Papa oviraptor était sans équivoque : l'œuf de dinosaure venait de disparaître dans la gueule du camion des éboueurs, en compagnie d'épluchures diverses, de trognons de pommes et d'emballages vides.

– Ne fais pas cette tête longue d'une aune, lui dit son père en décapitant son œuf. Ce n'était qu'une vieille citrouille racornie, juste bonne à prendre la poussière.

– Ce n'était pas une vieille citrouille, s'entêta Edgar. C'était un fossile. Et un rarissime.

– Tu en verras d'autres, dit son père.

D'autres quoi ? D'autres fossiles rarissimes ou d'autres déceptions du même style ? Edgar n'eut pas le temps de réfléchir à la question. Le téléphone sonnait.

– J'y vais, dit Albert et, toujours sifflotant, il alla décrocher dans l'entrée.

– Allô ? Myronton 65 237, dit-il d'un ton aimable.

Il y eut un bref silence, puis il enchaîna :

– Lui-même, pour vous servir.

Cette fois, le silence fut plus long, puis Albert s'écria :

– C'est une blague, pardi ! Un copain d'Edgar, je parie.

Mais ce n'était sans doute pas le cas, car il ne raccrochait toujours pas. Hormis quelques borborygmes du genre « Mmmmmgnnn », « Rhmmm », il ne pipait plus mot. Puis il eut un cri étranglé :

– Moi ? Je veux dire, lui ?

La réponse dut être brève car il ajouta aussitôt :

– Ah bon. En ce cas... A ce soir donc.

Il regagna la salle à manger, d'un pas bien trop léger pour être naturel.

– Tu en as mis, du temps ! commenta Euphemia qui brûlait de savoir qui avait appelé mais s'en serait voulu de poser la question.

– Devinez qui c'était. Je vous le donne en mille.

– Ce n'était pas tante Ermentrude, dit

Euphemia. Je t'ai entendu placer quelques mots.
– C'était quelqu'un d'important, l'aida Albert.

Euphemia hésita.

– Un organisateur de concours m'annonçant que j'ai gagné un gros lot ? Non. Tu me le dirais tout de suite, n'est-ce pas ?
– C'était quelqu'un de la BBC.
– Donc, j'ai gagné ! Tu te souviens, toutes ces cartes postales que j'ai envoyées à Radio 2 pour...
– Quelqu'un de la télévision.
– Ah, dit Euphemia dégrisée. Je ne vois pas. Voilà au moins deux mois que je n'ai pas fait de concours télé.
– Rien à voir avec tes concours. Vous donnez votre langue au chat, tous les deux ?
– Oui, dit Edgar qui n'avait même pas cherché à deviner.
– Voilà, annonça Albert, solennel. C'était le présentateur des Infos régionales...
– Qu'il n'y a jamais moyen de regarder, accusa Euphemia, à cause de ton sacro-

saint quart d'heure de westerns sur la Cinq.

– Bref, coupa Albert. Quelqu'un des Infos régionales passe nous prendre ce soir à 5 heures, Edgar et moi, pour nous conduire dans les studios de la Trois. Ils ont entendu parler de ce fossile qu'a trouvé Edgar, et...

– Papa ! lança Edgar en alerte. Mais le fossile, je ne l'ai plus. Tu sais bien : tu l'as jeté !

– Crénom ! rugit Albert. (Tout à sa joie de passer à la télévision, il avait omis ce détail.) Le camion de poubelles ! Il ne peut pas être loin – vite ! Il faut le rattraper !

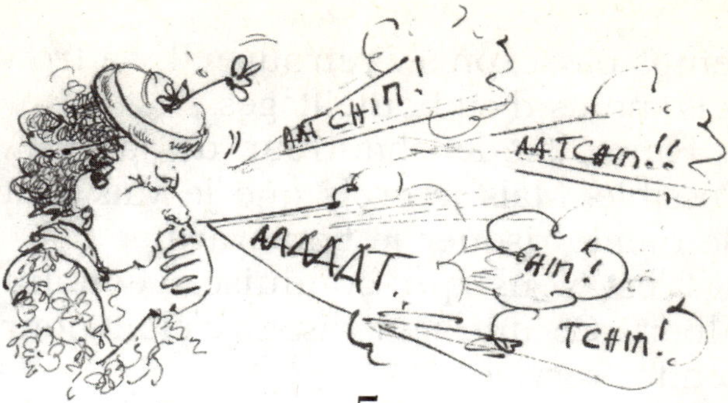

5

Albert Hollins pressa le bouton à sa droite, sur la paroi capitonnée de la grosse limousine. La vitre qui séparait le chauffeur des passagers s'abaissa sans un bruit.

– Si j'étais vous, dit Albert à l'intention du chauffeur, je quitterais la voie express à la prochaine sortie pour prendre la rue Dombey et l'avenue Edwin Drood, plutôt que de gagner le centre ville par le boulevard Martin Chuzzlewit.

– Mais ça fait un sacré détour, dit le chauffeur sans tourner la tête.

– Tout à fait d'accord ! jubila Albert. En kilomètres, c'est plus long ; mais au temps passé, on s'y retrouve. Il y a trois fois moins d'embouteillages.

– Hmm, dit le chauffeur de la BBC. Possible. Mais je crois que je vais tout de même risquer le boulevard.

– C'est vous qui conduisez, conclut Albert. Ce que j'en disais, c'était pour rendre service.

Il pressa le bouton derechef et la vitre se referma sur l'intimité capitonnée de la banquette arrière. A ses côtés, Edgar veillait sur son précieux œuf fossile, si bien astiqué par sa mère qu'il en paraissait flambant neuf.

– Une chance que j'aie de bonnes jambes, tiens ! avait triomphé son père, le matin même, lorsqu'il était revenu hors d'haleine, le fossile sous le bras. Il faut dire que le rugby, ça vous fait des muscles pour la vie. Tu devrais t'y mettre, Edgar.

Edgar avait remercié son père, et s'était retenu de rappeler qu'il n'y était vraiment pour rien si son trésor avait fait un tour parmi les ordures ménagères.

Le directeur des studios tenait à

accueillir en personne ses visiteurs à leur arrivée. C'était un petit chauve court sur pattes, à la langue et aux mains en mouvement perpétuel.

– Bienvenue dans nos studios ! s'écria-t-il en ouvrant grands les bras, sans même laisser l'hôtesse d'accueil approcher d'Edgar et de son père. C'est merveilleux, vous êtes à l'heure !

– Oui, admit Albert, mais nous serions arrivés plus tôt si votre chauffeur m'avait écouté. Sur le boulevard Chuzzlewit, on se serait cru en char à bœufs.

– Aucune importance, sourit le directeur. Vous avez largement le temps de vous mettre à l'aise et de manger un morceau avant notre émission. C'est un direct, vous l'ai-je dit ? C'est toujours tellement plus spontané...

Ses mains voletaient comme des papillons tandis qu'il parlait, parlait, parlait. Il lui fallait au moins vingt mots là où deux auraient suffi. Il s'appelait M. Derwent-Smith ou un nom à rallonge de ce genre. Edgar et son père le suivirent le long d'une enfilade de couloirs, jusqu'à une salle dont la porte annonçait : VISITEURS.

Là, sur une table nappée de blanc, s'alignaient une armée de bouteilles et un régiment de verres à pied, ainsi qu'un bataillon de canapés aussi variés que microscopiques. Plantée devant ce buffet, une petite dame en tailleur à fleurs était en train de garnir son assiette avec des mines de chatte gourmande.

– Ah ! madame Ipswich, s'extasia le directeur. Faites comme chez vous, je vous en prie.

– Aaat-chim ! fit la dame en guise de réponse.

– Mme Ipswich est l'une de nos invités de ce soir, expliqua le directeur. Depuis bientôt trois semaines, elle éternue toutes les trente secondes, un record en la matière. C'est bien trois semaines, madame Ipswich ?

– Aaat-chim ! fit Mme Ipswich.

– Bonjour madame. Enchanté, dit Albert Hollins en tendant la main.

– Aaat-chim ! répondit Mme Ipswich.

– Parfait, parfait, conclut le directeur en se frottant les mains. Je vous laisse donc faire connaissance et vous restaurer à loisir, et je vais voir où en sont les choses du côté de la régie. Je passe vous reprendre d'ici une dizaine de minutes. Oh ! j'oubliais : nous attendons aussi un invité d'honneur, le professeur Corrigan, paléontologue réputé. A tout de suite !

Assiette en main, Albert Hollins commença sa sélection de canapés.

– Tu ne prends rien, Edgar ?

Mais Edgar avait l'estomac barbouillé.

– Non, dit-il. Plutôt après l'émission.

– Tu prends tes risques, mon garçon. Après l'émission, j'en ai peur, nous ne repasserons pas par ici. D'ailleurs il n'y aura peut-être plus rien. Qu'en pensez-vous, madame Ipswich ?

– Aaat-chim ! approuva le chapeau à fleurs.

– Ces petites choses au crabe sont un régal, reprit Albert. Et ces triangles aux œufs de je ne sais quoi, mmmm, divins ! Vous n'avez pas vu de tartelettes au flan, par hasard, madame Ipswich ?

– Aaat-chim ! répondit la dame en reprenant du millefeuille au café.

Comme promis, M. Derwent-Smith

revint les chercher peu après, la mine toujours aussi réjouie.

– Prêts ? s'informa-t-il depuis la porte.

– Aaat-chim ! assura Mme Ipswich.

Le père d'Edgar faillit s'étrangler avec sa religieuse.

– Parfait, conclut le directeur. L'émission commence dans dix minutes. Je vous conduis au studio 2.

Ils le suivirent à nouveau le long d'un dédale de corridors. Edgar avait les jambes en coton et la gorge trop nouée pour parler.

– Nous y sommes presque, annonça enfin M. Derwent-Smith. Nous déposons au passage Mme Ipswich et votre fils dans le studio, cher monsieur Hollins, et vous venez avec moi à la cabine de contrôle.

– Ah bon, marmotta Albert qui avait espéré mettre les pieds sur le plateau.

– Vous verrez, le consola le directeur. C'est en régie qu'on jouit le mieux du spectacle. Je me demande ce qui est arrivé au professeur Corrigan. Il avait dit qu'il serait là dès cinq heures et demie. Nous allons devoir commencer sans lui.

– A mon avis, diagnostiqua Albert, il se sera fait piéger dans un embouteillage.
– C'est fort possible, convint M. Derwent-Smith. (Ce disant, il ouvrait une porte.) Nous y voilà : studio 2.

Edgar cligna des yeux. La salle était inondée de lumière, tombant de dizaines de projecteurs à la fois. Trois énormes caméras braquaient leur regard de cyclope vers une sorte de podium sur lequel étaient disposés cinq grands fauteuils pivotants. Juste au-dessus, un panneau lumineux brillait de tous ses feux :

SIX HEURES TRENTE INFOS
LES INFOS QU'IL VOUS FAUT

– Ah, dit M. Derwent-Smith, voici notre régisseur. Tommy, je te présente nos invités de ce soir, Mme Ipswich et Edgar Hollins.
– Bonsoir, dit Tommy.
– Bonsoir, dit Edgar.
– Aaat-chim ! fit Mme Ipswich.
– Parfait, dit M. Derwent-Smith. (Tout était toujours parfait avec lui.) Je vous laisse ensemble tous les trois. Bon courage !

Et il quitta le plateau, entraînant Albert Hollins.

Tommy désigna l'œuf fossile qu'Albert serrait contre son cœur et remonta ses lunettes sur son nez :

– Qu'est-ce que c'est ? Un énorme navet ?

– Un œuf de dinosaure, répondit Edgar, très fier. Fossilisé. C'est pour le montrer que je suis ici.

– Ah ? dit Tommy. Original. Remarquez, on en voit de toutes les couleurs, dans ce studio. L'autre jour, on a reçu un bonhomme qui élevait une tarentule. Il l'avait apportée dans sa petite cage, toute gentille et toute sage. (Il se tourna vers Mme Ipswich.) Et vous, madame, qu'allez-vous nous montrer de beau ?

– Aaat-chim ! fit Mme Ipswich.

Tommy n'eut pas le temps de répondre. Dans ses écouteurs, une voix lui rappela que l'heure tournait.

– OK, dit-il, on y va. Plus que trois minutes, vous autres ! lança-t-il aux cameramen et preneurs de son. Préparez-vous, s'il vous plaît. Venez, que je vous montre où vous asseoir, ajouta-t-il pour ses invités.

Ils le suivirent sur le podium, où le fauteuil central venait de recevoir un grand chauve à nœud papillon, dont une maquilleuse poudrait le crâne afin de l'empêcher de briller.

– C'est le présentateur, expliqua Tommy. Norman Prendergast.

Et il fit les présentations avant de s'éclipser à son tour.

– Asseyez-vous, je vous prie, dit le dénommé Prendergast avec un sourire de cheval. Vous êtes bien la dame de Doncaster qui éternue depuis trois semaines et le petit garçon de Myronton qui a trouvé un œuf de dinosaure ?

Edgar et Mme Ipswich acquiescèrent avec ensemble.

– Parfait, dit-il. (Décidément, au studio 2, on était épris de perfection.) Au moins, je suis sûr de ne pas gaffer. La semaine dernière, j'ai confondu un ministre et un repris de justice. Aucun des deux n'a apprécié.

A cet instant, un grand diable à lunettes et aux cheveux en duvet de pissenlit

se faufila dans le studio sur la pointe des pieds – et déclencha un tohu-bohu en renversant le panneau SILENCE !

– Par ici, professeur Corrigan ! appela le présentateur comme l'arrivant se désempêtrait tant bien que mal.

– Navré d'être en retard à ce point, chuchota le professeur en gagnant sa place, hors d'haleine. Mais tout est allé de travers : j'ai commencé par me tromper d'heure, et ensuite je me suis trompé de train.

– Ravi de vous avoir parmi nous malgré tant de malchance, le rassura Norman Prendergast. Je vous présente Edgar Hollins, avec son précieux fossile.
– Hrrumph, grogna le professeur.
– Et Mme Ipswich, de Doncaster.
– Aaat-chim !

Mais Tommy venait de recevoir un nouveau message dans ses écouteurs. Il leva la main.
– Plus qu'une minute ! Silence, tout le monde.

Un silence de mort tomba sur le studio. Sur le mur du fond, la trotteuse de l'énorme horloge grignotait les secondes.
– Aaat-chim ! éternua Mme Ipswich, plus fort que jamais, et Edgar crut voir la trotteuse sauter deux secondes à la fois. Tommy lui décocha un regard réprobateur et mit un doigt sur sa bouche. Il ne restait plus que six secondes...

Plus que cinq...

Plus que quatre...

Plus que trois...

Plus que deux...

Plus qu'une...

L'émission commençait.

– Mesdames, messieurs, bonsoir, attaqua Norman Prendergast, dénudant pour la caméra sa superbe dentition de percheron. Voici donc notre émission « Les Infos qu'il vous faut », la seule à vous tenir informés de l'actualité à chaud, telle qu'elle a lieu au jour le jour, et surtout près de chez vous.

Cloué dans son fauteuil trop profond, Edgar vit avec horreur la caméra numéro deux se mettre en mouvement le long d'un rail et fondre subrepticement droit sur lui.

– Nos invités de ce soir, poursuivait le présentateur, vont vous fasciner, j'en suis sûr. Nous avons ici, à ma droite, Mme Arabella Ipswich, de Doncaster, qui n'a cessé d'éternuer, à intervalles plus ou moins réguliers, depuis trois semaines aujourd'hui. Et à ma gauche, Edgar Hollins, de Myronton, qui a découvert dimanche dernier un œuf de dinosaure fossilisé, lors d'un pique-nique à la plage du côté de Congreton-sur-Mer. Et enfin un vieil habitué de notre émission, le professeur Horace Corrigan, que nous avons prié de venir nous dire ce qu'il pense du fossile en question. Mais d'abord, pour ouvrir la soirée, nous allons écouter Mme Arabella Ipswich.

Norman Prendergast se tourna vers Mme Ipswich, qui avait posé son chapeau sur ses genoux. Il lui sourit et attendit poliment l'éternuement suivant. Le nez de Mme Ipswich se plissa, son menton trembla, ses bouclettes frémirent. Là-haut, dans la cabine de commande, M. Derwent-Smith, ses assistants et Albert Hollins fixaient les écrans de contrôle, guettant l'éternuement fatidique. Dans les salles de séjour, les salons, les cuisines, à travers la région entière, des millions de téléspectateurs attendaient l'éternuement promis.

Rien ne vint.

Il y eut un long silence, puis la petite dame aux boucles grises se tourna vers Norman Prendergast et dit d'un ton d'écolière prise en faute :

– Je n'y arrive plus. C'est passé.

– Passé ?

– Je n'ai plus envie d'éternuer. L'excitation, j'imagine. Les caméras de télévision et tout ça. Je suis guérie. Désolée...

Norman Prendergast fit grise mine mais se rattrapa aussitôt.
– Il vous reste bien un petit aáatchim pour nos téléspectateurs ?

Mais son invitée prit un air contrit.
– Je crains que non. Je n'ai plus envie. Plus du tout. Je suis vraiment désolée...

Norman Prendergast eut un sourire gêné.
– Je suis sûr que tous les téléspectateurs se joignent à moi pour vous souhaiter une heureuse guérison, et espérer que vos éternuements ne vous reprendront pas de sitôt. (Il se tourna vers la caméra numéro un.) Passons donc à notre second invité. Ce jeune homme, nous vous l'avons dit, a fait une découverte tout à fait stupéfiante...

Edgar sentit – plus qu'il ne vit – l'œil inquisiteur de la caméra deux s'approcher encore un peu, comme pour lui voler l'œuf sur ses genoux. Quant à la caméra trois, elle se détournait sans regret de l'infortunée Mme Ipswich, qui avait manqué à tous ses devoirs et trahi les téléspectateurs, pour poser son regard sur le professeur Corrigan et son crâne de pissenlit monté en graine.

Au 23, rue Nicholas-Nickelby, Euphemia, la larme à l'œil, dévorait des yeux son rejeton sur l'écran.

– Tst-tst ! faisait-elle tout bas. Je m'en doutais, qu'il ne songerait même pas à se donner un coup de peigne.

Mais elle était si émue qu'elle en jeta à la corbeille à papiers le caramel qu'elle venait de déballer et enfourna le papier dans sa bouche.

– Edgar, disait le présentateur sur l'écran, si tu expliquais à nos téléspectateurs comment tu as fait cette découverte ?

– Euh, bredouilla Edgar qui aurait voulu rentrer sous terre. J'étais au bord de la mer avec mon père et ma mère, dimanche...

Et soudain, son trac s'envola. Il raconta son histoire telle qu'il la revivait dans sa tête.

Dans la cabine de commande, Albert Hollins rayonnait. Son fils s'en sortait si bien ! Et il avait mentionné ses parents, en gentil petit garçon qu'il était.

La caméra s'attardait à présent sur la découverte en gros plan.

– Absolument fascinant, Edgar ! approuva le présentateur comme Edgar achevait son récit. Et pourrais-tu nous dire, maintenant, comment tu as su qu'il s'agissait d'un œuf de dinosaure ?

Edgar hésita une seconde.

– Je ne sais pas trop, avoua-t-il. J'ai d'autres fossiles à la maison, et des tas de livres sur la préhistoire. Et j'ai lu aussi plein de livres de bibliothèque, mais les livres ne disent pas grand-chose sur les œufs de dinosaure. Non, je ne sais pas pourquoi, mais quelque chose m'a soufflé, tout de suite, que c'était un œuf de dinosaure. Dès que je l'ai vu, j'en ai été sûr.

– Absolument fascinant, Edgar, répéta Norman Prendergast. Professeur, poursuivit-il en se tournant vers son voisin de droite, auriez-vous l'amabilité de nous donner votre avis ? Quelle variété de dinosaure pourrait avoir pondu cet œuf ? En avez-vous la moindre idée ?

Le professeur Horace Corrigan eut un petit sourire, et croisa ses mains sur son estomac d'un geste distingué.

– N'ayant pas encore examiné l'objet, dit-il, je m'en voudrais de me prononcer avec certitude. Mais d'après ce que j'en vois sur les genoux de notre jeune ami, je peux tout de même affirmer une chose...

– Oui ?

– C'est qu'il ne s'agit sûrement pas d'un œuf de dinosaure, fossilisé ou non.

– Oh, dit Norman Prendergast. Vraiment pas ?

– En aucun cas, assura le professeur.

– Allons bon, laissa tomber Norman Prendergast.

– Jamais de la vie, reprit le professeur. Ce n'est pas même un fossile.

– Pas même un fossile ? Et comment le savez-vous ?

– Parce que cela ne ressemble pas,

mais pas du tout, à un fossile. Et croyez-moi, j'en ai vu des tas. Et je peux affirmer, de surcroît, qu'il ne peut pas s'agir d'un œuf de dinosaure, pour la bonne raison qu'il n'existe nulle part, pas plus dans les musées que dans les laboratoires de paléontologie ou ailleurs, d'œuf de dinosaure de cette taille ou de cet aspect. S'il n'en existe nulle part au monde, comment expliquer que ce jeune homme en ait un en sa possession ?

– Je reconnais le bien-fondé de votre point de vue, se résigna Norman Prendergast.

Décidément, cette émission ne serait pas un grand cru classé. Un refus d'éternuer de la part d'une championne digne du *Livre des records*, et un œuf de dinosaure qui n'en était pas un, pour finir. Cinq minutes à peine après son démarrage, l'émission se trouvait à court de nouvelles à sensation. Eperdu, Norman Prendergast cherchait à rattraper le désastre.

– Et à votre avis, professeur, hasarda-t-il dans l'espoir de ranimer la discussion, si cet objet n'est pas un fossile, de quoi peut-il bien s'agir ?

Le professeur hocha sa tête grise.

– Qui sait ? dit-il. Avec les plastiques, les résines, on fait tant de choses, de nos jours. Je suis désolé de décevoir notre jeune ami, mais je crains bien qu'il n'ait été victime d'une farce montée de toutes pièces. A moins que... (Il abaissait ses lunettes rondes et considérait Edgar.) A moins que notre jeune ami lui-même ne cherche à nous jouer un tour ?

– Alors là, sûrement pas ! explosa Edgar, n'y tenant plus. Et cet œuf n'est pas en plastique, pas besoin d'être chimiste pour le voir. C'est un œuf de dinosaure – j'en suis sûr ! Et d'abord, comment pouvez-vous dire que ça n'y ressemble pas, si vous n'en avez jamais vu ?

Le professeur sourit, amusé, mais il fit non, catégorique.

Edgar se tut, mâchoire serrée. La caméra deux et la trois étaient toutes deux braquées sur lui, il le savait. Il n'était pas question de perdre son sang-froid devant des millions de téléspectateurs.

– Bien... dit Norman Prendergast, gêné. Euh... Vous n'avez rien à ajouter, professeur ?

– Que dire d'autre ? répondit le professeur. Il est manifeste qu'il s'agit d'un faux.

Il y eut de nouveau un silence embarrassé, dans le vif duquel vint trancher la sonnerie du téléphone posé derrière le présentateur, qui le reliait à la cabine de contrôle.

Norman Prendergast décrocha.

– B'alors ? rugit Derwent-Smith à son oreille. Qu'est-ce que tu fabriques ? On va finir par s'endormir. C'est un désastre, ton truc, ce soir !

– Je sais, bredouilla Prendergast.

– Et tu n'as plus de munitions, c'est ça ? Bon, écoute, j'ai ici un film de danses folkloriques – pour changer. Un reste du dernier Festival régional des écoles. On va te mettre ça pour faire passer le quart d'heure qui reste. Tu fais la présentation tout de suite, et tâche de ne pas t'emmêler les pédales, bon sang !

– Entendu, souffla Norman Prendergast, et, se tournant vers les caméras, il parvint à sourire gracieusement. Bien, dit-il. La discussion semble close en ce qui concerne les œufs de dinosaure. Et maintenant nous avons ici pour vous une petite surprise que nous vous tenions en réserve, des danses folkloriques exécutées par les écoliers de la région lors du grand festival de juin dernier. Le folklore, n'est-ce pas, est toujours d'actualité, et plus que jamais en cette période de l'année.

Sur les écrans de contrôle, le podium disparut pour laisser place à une cour d'école ou des gamines en jupes longues et des gamins à chapeaux ronds sautillaient au petit bonheur, sans se soucier de la musique.

Dans la cabine de commande, M. Derwent-Smith s'était pris la tête à deux mains :

– C'est le fiasco. Le fiasco complet.

Albert Hollins étouffa une toux discrète.

La grande limousine noire n'avait pas progressé de dix mètres en cinq minutes. Pour la troisième fois durant ces cinq minutes, Albert Hollins passa le cou à la vitre ouverte, et contempla le magma de véhicules figés à perte de vue le long de l'avenue Edwin Drood.

Il rentra la tête et pressa le bouton qui le séparait du chauffeur.

– Des kilomètres et des kilomètres de bouchons, dit-il d'un ton désabusé. Il y en a pour des heures.

– C'est vous qui avez tenu à passer par là, monsieur, rappela le chauffeur. Moi, je vous l'ai dit, je préfère le boulevard.

– Mais c'était dans l'autre sens ! gémit Albert Hollins. Quand on retourne vers Myronton, c'est tout le contraire. C'est le boulevard qu'il faut prendre.

– Possible, monsieur, dit le chauffeur. Mais c'est un peu tard pour me le dire.

Albert Hollins se renfonça contre la banquette. Quelle soirée ! Et dire qu'il avait convaincu plusieurs de ses collègues de bureau de regarder les Infos régionales, ce soir, plutôt que le quart d'heure de westerns ! Il l'avait même soufflé à son patron, ô horreur !

Pris de soupçons, il se tourna vers Edgar.

– Ce professeur, dis-moi. Ce n'est pas vrai, ce qu'il a dit, tout de même ? Tu n'as pas monté cette affaire pour nous mettre en boîte, tous ?

– Non, Papa, dit Edgar. Et tu le sais très bien. J'ai trouvé ce fossile à la crique de Congreton. Et c'est un œuf de dinosaure. D'ailleurs, tu étais là quand je l'ai trouvé.

– J'étais là quand tu m'as dit que tu l'avais trouvé. Et après ce qui s'est passé ce soir, je ne jurerais de rien en ce qui te concerne. Tu nous as ridiculisés. Tu m'as ridiculisé devant mon patron, qui regardait la télévision. Qu'est-ce que je lui dirai, moi, demain, quand je lui apporterai son café et ses biscuits ? Ou plutôt, que dira-t-il, lui ?

Ils se turent. Edgar serrait son trésor sur son cœur. C'était un œuf de dinosaure. Il en était sûr. Peu importait ce qu'un professeur au crâne en graine de pissenlit pouvait en penser ou en dire. Et lui, Edgar, il s'en moquait bien si cet œuf était unique au monde. Au contraire !

Son père se moucha et rompit le silence, amer.

– Je ne sais qu'une chose, et je la sais bien. Dès que nous serons à la maison, cet objet retournera à sa place : dans la poubelle – tout au fond.

Edgar étreignit son trésor plus fort que jamais.

6

Debout devant le portail du jardin, son cartable sur le dos, Edgar regardait son père sortir du garage en marche arrière et gagner la rue prudemment.

– A ce soir, Papa ! Bonne journée ! Ne roule pas trop vite.

Avant d'embrayer la première, Albert Hollins jeta sur son fils un regard soupçonneux. Il n'était guère dans ses habitudes de se soucier à ce point du bien-être paternel.

– A toi aussi, bonne journée ! dit-il. Et pour ce qui est de rouler trop vite, pas de danger. A cette heure de la journée, que je prenne l'avenue ou le boulevard...

Sur quoi, il accéléra un bon coup et disparut au bout de la rue, son pot d'échappement fumant noir.

Edgar attendit un instant, puis il se délesta de son cartable et courut à l'arrière de la maison. Là, il ouvrit la poubelle et en examina le contenu, retenant son souffle.

L'œuf de dinosaure reposait tout au fond, sur un vieux pull de laine et un fond de corbeille à papiers. Edgar plongea les bras dans la poubelle, il récupéra son bien avec mille précautions et, après une seconde d'hésitation, il récupéra le vieux pull par la même occasion.

A l'intérieur de la maison, sa mère passait l'aspirateur au salon. Edgar s'avança à pas de loups, il se faufila devant la porte ouverte et gagna l'escalier. Il avait presque atteint le palier et remerciait le ciel de son aide lorsque l'aspirateur se tut. La voix de sa mère s'éleva :

– Edgar... c'est toi ?

– Oui, Maman.

– Je te croyais parti pour l'école ?

– J'étais parti, mais je suis revenu.

J'avais oublié... mon cahier de géo. Je vais le chercher, il est dans ma chambre.

– Dépêche-toi, en tout cas. Tu n'es pas en avance !

L'aspirateur se remit à ronronner, Edgar acheva de monter quatre à quatre.

Sur le palier, il hésita. Quelle était la meilleure cachette ?

Sa chambre ? Sûrement pas : sa mère y faisait le ménage avec plus de vigueur encore que partout ailleurs. Elle explorait les moindres recoins, à l'affût de ces trésors qu'Edgar avait tendance à entreposer. La chambre d'ami ? L'idéal, à ce détail près que, dans quelques jours, elle allait être repeinte de frais, si bien qu'elle ne contenait plus un meuble.

Et la chambre des parents – en haut de l'armoire ? Edgar y songea un bref instant, puis s'étonna lui-même de sa propre hardiesse. Non, c'était vraiment trop risqué.

Mais alors, où ? Où cacher cet œuf ?

Et dans le séchoir, pourquoi pas ? Là encore, le risque était grand. Sa mère allait dans cette pièce au moins quinze à vingt fois par jour : c'était là qu'elle rangeait ses balais, et le linge de maison dans le placard. Oui, mais Edgar avait noté qu'elle ne regardait jamais dans l'angle derrière le chauffe-eau. Il le savait parce qu'un jour il y avait mis son ours en jouant, et l'avait complètement oublié. Or c'était lui, et non sa mère, qui l'avait retrouvé là par hasard, quelque quatre ou cinq mois plus tard.

Sa décision prise, il ne lambina pas. Il ouvrit le séchoir, s'agenouilla, déploya le vieux pull de laine sur le carrelage, derrière le chauffe-eau, et y déposa l'œuf, rabattant les manches par-dessus pour mieux le camoufler. Il prit du recul afin de vérifier que rien ne dépassait à première vue. Non, il fallait vraiment glisser le nez derrière le chauffe-eau.

Enfin rassuré sur le sort de son précieux fossile, il dégringola l'escalier, sortit de la maison en trombe et courut à son arrêt de bus.

– Hollins ? Hollins, m'entends-tu, mon garçon ?

Edgar émergea, non sans peine, d'un rêve éveillé peuplé de brontosaures au milieu de fougères géantes, et se retrouva en classe, en pleine leçon d'anglais.

– Euh, moi, monsieur ? bredouilla-t-il.

– Oui, toi, monsieur, railla M. Popplewell, dont le long nez rappelait un peu le bec d'un ptérodactyle. Pourrais-tu me dire ce dont nous parlons depuis cinq minutes, tandis que tu t'offres un petit somme au fond de la classe ?

– Euh... D'Oliver Twist ? avança Edgar à tout hasard.

– Perdu, cher invité, et c'était la question à mille francs. Non, nous avons abandonné Oliver Twist il y a déjà dix bonnes minutes, nous en étions à un autre héros de Dickens, Nicholas Nickelby, qui lui aussi a donné son nom à une rue de notre chère petite ville... Où avais-tu la tête, Hollins ? Il est vrai que rester avec nous serait nous faire un grand honneur, n'est-ce pas, de la part de la vedette de télévision que tu es devenu hier soir. (Les cous rentrèrent dans les épaules et des glapissements fusèrent.) A propos, qui a eu la chance, hier soir, de voir notre héros sur le petit écran ? Levez la main, s'il vous plaît.

Huit ou neuf bras s'élevèrent, pointant vers le plafond.

– C'est tout ? s'étonna le maître. Ah ! la rude concurrence du quart d'heure de westerns sur la Cinq ! Bien. Vous tous qui n'avez pas regardé, sachez que votre condisciple Edgar a fait une brève apparition à la télévision, hier, lors d'une émission remarquable, où il a discuté d'égal à égal avec un paléontologue distingué... A propos, qu'est-ce qu'un paléontologue ? Levez la main, ceux qui savent.

A regret, les bras en l'air s'abaissèrent. Aucun autre ne se leva à la place.

– Personne, vraiment ? s'étonna le maître d'un ton désapprobateur. Et toi, Edgar ? Tu es au courant, toi, au moins ? Si tu nous faisais bénéficier de ta science ?

Edgar restait vissé à sa chaise.

– Allons, lève-toi, insista le maître. Et informe ces ignorants.

– Un paléontologue, c'est quelqu'un qui étudie les fossiles, hésita Edgar. (Il prit de l'assurance ; il était dans son élément.) Quelqu'un qui étudie les fossiles pour essayer de savoir à quoi pouvait ressembler les êtres vivants qui peuplaient la planète au temps de la préhistoire. Avant nous, c'est-à-dire avant l'apparition des êtres humains.

– Exactement, Hollins. C'est très précisément la définition. Et... (Le maître sourit.) Tu te considères un peu comme un paléontologue, je crois ?

– Non, monsieur.

– Comment ça, non ? Comment se fait-il, alors, que tu aies tenu tête à ce grand spécialiste, hier ?

Edgar ne répondit pas.

– Nous attendons tes explications, Hollins, insista M. Popplewell. Nous sommes suspendus à tes lèvres. Si tu nous racontais toute l'histoire depuis le début ?

– Oui, oui ! s'écrièrent les autres.

– Allons, encouragea le maître.

Edgar s'humecta les lèvres.

– Dimanche après-midi, j'étais au bord de la mer avec mes parents, et en grimpant sur une falaise j'ai trouvé ce fossile coincé dans une fissure de rocher.

– Vraiment ?

– Oui, et en fait il n'était pas vraiment coincé, alors je l'ai pris et je l'ai rapporté à la maison. Lundi, je suis allé voir à la bibliothèque, je voulais essayer de trouver quel genre d'œuf ça pouvait être. Je n'ai pas trouvé, mais j'ai rencontré un journaliste du *Guardian,* qui a fait un petit article sur ma découverte dans le numéro de lundi soir, et mardi la télé a voulu la voir à son tour.
– Et alors ?
– Et alors c'est tout.
– Vraiment ? Qu'en pensent ceux qui ont regardé l'émission hier soir ? Stigwood ? Tu levais la main, tout à l'heure.
– Oui, monsieur.
– Tu as donc regardé les Infos régionales hier.
– Oui, monsieur.
– Peux-tu nous dire ce que tu as vu ?
– Une bonne femme qui était censée éternuer sans arrêt et qui n'a même pas éternué une fois.
– Et ensuite ?
– Ensuite, je n'ai pas vu le reste, parce que Maman a appelé à table et qu'elle veut pas qu'on regarde la télé en mangeant.

Le maître poussa un soupir. Le reste

de la classe s'esclaffa. « Ouais, Stiggy ! » « Impayable. Toujours le même ! »

– Silence, coupa M. Popplewell. Denison ?

– Oui, monsieur.

– Debout, et dis-nous ce que tu as retenu de la prestation de ton camarade à la télévision.

– Euh, voilà, monsieur, dit Denison en remontant ses lunettes sur son nez. Y avait Edgar et le professeur chacun dans un fauteuil, et Edgar avait cette espèce de grosse caillasse sur les genoux...

– Ce n'était pas une caillasse ! s'étrangla Edgar.

– Ouais, bon, un truc en plastique, alors. D'ailleurs c'est ce qu'a dit le professeur. En tout cas, sûrement pas un fossile, il en était sûr et certain.

– Comment s'appelait ce professeur, Denison ? demanda le maître.

– Korrigan, ou quelque chose comme ça.

– Professeur Horace Corrigan, c'est exact. L'un des plus éminents paléontologues de notre temps. Tu ne me contrediras pas, Edgar ?

– Il est très connu, admit Edgar. N'empêche...
– Bien. Silence, Hollins. Denison, qu'a dit exactement le professeur ?
– Il a dit qu'il s'agissait d'une farce montée de toutes pièces. Peut-être un objet de plastique...
– Il se trompe ! s'écria Edgar. C'est un vrai œuf ! Un œuf de dinosaure fossilisé !
– Hollins, j'ai dit : Silence ! Peut-être qu'à la télévision tu peux te permettre d'interrompre tes aînés, mais pas dans ma salle de classe. C'est compris ?
– Oui, murmura Edgar. Mais c'est quand même un œuf de dinosaure.
– Un peu de bon sens, mon garçon. Te crois-tu donc mieux informé qu'un éminent spécialiste ?
– Non, monsieur.
– Alors ?
– Alors, il arrive que les savants se trompent. C'est arrivé des quantités de fois. Surtout en matière d'animaux préhistoriques.
– Des exemples, Hollins.
– Le cœlacanthe, monsieur. Vous savez bien...

– Mais peut-être les autres ne savent-ils pas. Qui sait ce que c'est qu'un cœlacanthe ? Levez la main, ceux qui savent.

Dans la classe, personne ne bougea. Le maître se tourna vers Edgar.

– Tu sais ce qui te reste à faire. Raconte-nous l'histoire du cœlacanthe.

Edgar rougit jusqu'aux oreilles, mais se lança bravement. Cette histoire-là, il la connaissait bien.

– Le cœlacanthe, dit-il, c'était un poisson. On savait qu'il avait existé, parce qu'on en avait trouvé des restes fossiles, justement. Mais on le croyait disparu depuis des milliers d'années. Jusqu'au jour où on en a pêché un, puis d'autres.

– Et pourquoi le croyait-on disparu ? demanda le maître.

Ce n'était pas une question sournoise : il était authentiquement intéressé – et ne connaissait pas la réponse.

– Parce que les restes qu'on avait trouvés dataient d'au moins soixante millions d'années. Et on n'avait rien trouvé de plus récent.

Le maître hocha la tête.

– Je vois, dit-il, pensif.

– Et puis un jour, donc, on en a pêché

un. C'était en 1938, je crois. Et un autre en 1952. Et après ça, d'autres encore. Et les gens qui les ont pêchés étaient des marins-pêcheurs, pas des scientifiques. Les savants, eux, s'étaient trompés. C'est bien la preuve qu'ils peuvent se tromper, n'est-ce pas, monsieur ?
– Absolument, Hollins. Comme tout le monde. Mais dis-moi : ce que tu voudrais faire, si je comprends bien, c'est prouver que les savants se trompent à propos de... de cette chose que tu as trouvée ?
– J'aimerais bien, monsieur.
– Je vois. Eh bien, bonne chance, mon garçon. Tu peux te rasseoir.

La sonnerie dans le couloir annonça la fin de l'heure. M. Popplewell jeta à sa montre un regard incrédule et il ajouta :
– En tout cas, Hollins, tu as déjà réussi une chose : transformer mon cours d'anglais en cours de sciences naturelles. Et pourquoi pas, ma foi ? Un peu moins de bruit, vous autres. Rangez vos affaires et mettez-vous en rang !

Livres et cahiers regagnèrent les cartables. Déjà les garçons se bousculaient devant la porte.

Le maître rejoignit Edgar qui avait pris un peu de retard.

– Une chose me tracasse, Hollins, dit-il avec un sourire. Et si ton dinosaure, tel le cœlacanthe, n'était pas une espèce éteinte ? Tu te rends compte, si un matin, à ton réveil, tu trouvais cet œuf éclos ?

Edgar sourit à son tour.

– Je ne suis pas trop inquiet, monsieur.

– Ah ? Et pourquoi ?

– Vous oubliez que c'est un fossile.

– Tu me rassures, Hollins. Tu me rassures.

Euphemia Hollins s'assit dans son lit. Le tic-tac du réveil grignotait tranquillement le silence de la nuit.

– Albert ! souffla Euphemia.

La bosse à côté d'elle ne bougea pas d'un millimètre.

– Albert ! répéta Euphemia un peu plus fort.

Elle lui lança un coup de coude.

– Ouaff ! grogna Albert. Va pas, non ?

– Chhhut ! chuchota Euphemia. Je

crois qu'il y a un cambrioleur chez nous. J'ai entendu un bruit.
– Des bruits, tu en entends toutes les nuits, marmonna Albert.
– Mais c'était un bruit spécial, souffla Euphemia angoissée.
– C'est toujours un bruit spécial, grommela Albert. C'est un bruit nouveau chaque nuit. (Il s'assit à son tour.) Bon, alors, décris-le, ton bruit. C'était la porte d'entrée qu'on enfonce, la fenêtre du séjour qui se soulève, des pas dans l'escalier ? En général, tes bruits sont de cette nature, il me semble.
– Non, c'était plutôt comme un craquement. Un craquement très, très discret.
– Un craquement ?
– Oui, et tout près d'ici. Sur le palier, on aurait dit.
– Rendors-toi, va.
– Me rendormir ? Comment veux-tu ? Non, il faut que tu ailles jeter un coup d'œil. S'il te plaît.

Avec un long soupir de martyr, Albert s'extirpa du lit, chercha ses pantoufles à tâtons, ne les trouva pas, poursuivit pieds nus. Son gros orteil heurta le pied du lit et il poussa un juron étouffé. Toujours grognant, il ouvrit la porte. Le clair de lune baignait le palier. Inutile d'allumer la lampe.

– Y a quelqu'un ? grogna Albert à mi-voix.

Edgar dormait, lui au moins. A quoi bon le réveiller aux petites heures de la nuit ?

Rien ne répondit, rien ne bougea.

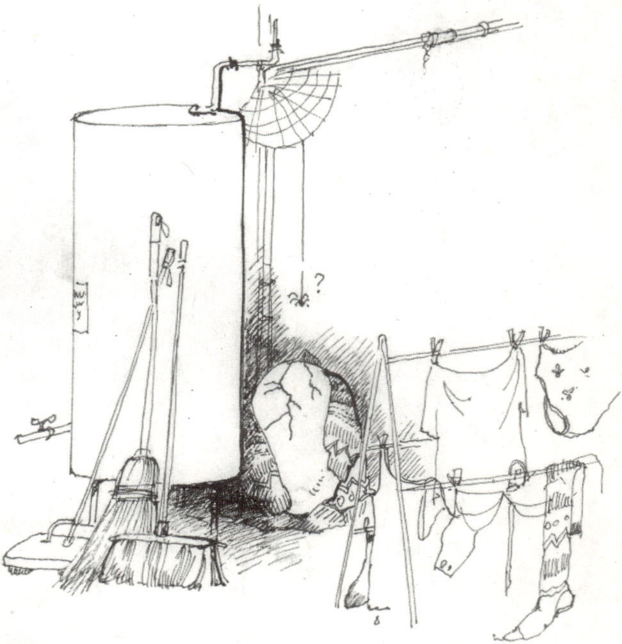

– Qu'est-ce que je te disais ? triompha Albert en regagnant le lit. Rendors-toi donc. Tu as dû rêver.

– Je veux bien me rendormir, dit Euphemia, mais je n'ai pas rêvé. J'ai entendu un craquement. Tu ne crois pas que tu devrais descendre, aller voir en bas ?

Mais Albert ne répondit pas. Il s'était rendormi.

7

– Vous voulez que je vous dise ? annonça Euphemia en posant sur la table le flacon de sauce à la menthe.

Ni son mari ni son fils ne firent mine de répondre, mais elle leur fit néanmoins part de son opinion :

– A mon avis, nous avons des souris.

Albert eut un petit rire.

– Voilà que ça recommence, dit-il en prenant Edgar à témoin. La nuit dernière, c'étaient des cambrioleurs. Ce soir, ce sont des souris.

Edgar hocha la tête mais ne dit rien. Parfois, il valait mieux rester neutre.

– Mais c'est la vérité, soutint Euphemia. J'ai bel et bien entendu un bruit la nuit dernière. Comme un craquement léger, du côté du palier. Mais maintenant je me dis que ce n'étaient peut-être pas des voleurs...

– Ah ! triompha Albert.

– ... mais plutôt des souris.

– Des souris ? Sur le palier ?

Albert en doutait.

– Oui ? Et pourquoi pas ?

– Qu'est-ce qu'elles iraient faire à l'étage, tes souris ? Casser des noisettes, peut-être ? Danser la gavotte à minuit ? Les souris, que je sache, ça ne vit pas de l'air du temps ; ça préfère les cuisines, les caves, les celliers – partout où il y a des provisions. Pourquoi voudrais-tu que les tiennes aillent danser à l'étage ? On voit mal ce qu'elles se mettraient sous la dent. (Albert se tourna vers son fils.) Qu'en penses-tu, toi, mon garçon ?

– Je ne sais pas trop, Papa, plaida Edgar, soucieux de préserver sa neutralité.

– Et ce que tu ne sais pas, toi, Albert, reprit Euphemia, c'est que les souris ont des goûts bien à elles. Et si je vous dis que nous avons des souris, et des souris à l'étage, c'est que j'en ai la preuve formelle.

Tout en parlant, elle tirait quelque chose de la poche de son tablier. Elle brandit la pièce à conviction, à bout de bras, sous le nez de son mari.

– Et ça, hein ? Qu'est-ce que c'est, à ton avis ?

L'objet du délit, c'était une chaussette d'Albert – ou plutôt, c'en avait été une : il n'en restait plus que la cheville et le talon.

Albert en eut un sursaut.

– Une de mes bleues, en plus – mes préférées ! Qu'est-ce qui lui est arrivé ?

– Les souris l'ont rongée, répondit Euphemia.

– Par exemple ! Première fois que j'entends parler d'une chose pareille ! Ce ne serait pas plutôt une mite ?

– Une mite ! Les mites font des trous, mon cher. Elles n'avalent pas tout rond les trois quarts du pied d'une chaussette. Ou il y faudrait une mite de la taille d'un aigle royal.

– Très juste, reconnut Albert. Et où l'as-tu trouvée, cette chaussette ?

– Je te l'ai dit : à l'étage. Dans le séchoir précisément.

Au mot de « séchoir », Edgar tressaillit. Cette conversation le concernait, en fin de compte.

– Même s'il s'agit de souris, fit observer son père, il faut que ce soit un sacré spécimen, à en juger d'après l'état de cette chaussette. Ou alors une armée entière, mais pourquoi se seraient-elles acharnées sur cette unique chaussette ? Tu n'as rien trouvé d'autre ?

– D'autre quoi ? D'autres chaussettes rongées ? Non, Dieu merci. Celle-ci sera tombée du fil à linge, j'imagine.

– Je voulais dire : tu n'as pas trouvé d'autres indices ? Des crottes de souris, des... je ne sais pas, moi. As-tu seulement songé à regarder derrière le chauffe-eau ?

Edgar se raidit.

– Non, je n'ai pas regardé derrière le chauffe-eau, répondit sa mère, le menton haut. Je te laisse ce soin. J'ai horreur des souris, tu sais bien. Les araignées, ça m'est égal, mais les souris... (Elle en frissonnait.) Je ne vais certainement pas courir après.

Albert sélectionna un gros radis bien rouge et entreprit de le mastiquer avec application.

– Bien, se résigna-t-il, le radis avalé. Dès que j'ai fini de manger, je monte jeter un coup d'œil là-haut. S'il y a des souris dans ce séchoir, elles n'y feront pas de vieux os, crois-moi.

Sur ce, il se choisit un radis plus

rouge encore et deux fois plus gros que le précédent.

– Je... Je peux sortir de table ? demanda Edgar, repoussant sa chaise.

– Et pour aller où ? s'informa son père, la bouche pleine.

– En haut. Aux toilettes.

– Tu pourrais prendre tes précautions avant de passer à table, lui dit sa mère. Bon, file. Mais n'oublie pas de te relaver les mains. Et dépêche-toi, ton thé va refroidir.

Edgar referma soigneusement la porte de la salle à manger et se rua à l'étage. L'œuf de dinosaure, vite ! Il fallait le cacher ailleurs ! Dans un quart d'heure, son père aurait fini de dîner et il « monterait jeter un coup d'œil ».

Edgar ouvrit la porte du séchoir – qui oublia de grincer, par bonheur – et pénétra dans le réduit. Il s'agenouilla au pied du chauffe-eau et passa un bras par-derrière, cherchant à tâtons le pull de laine et l'œuf entortillé dedans.

Sa main rencontra quelque chose et il eut un mouvement de recul.

Horreur ! L'œuf, le bel œuf n'était plus entier. Il était même en miettes, semblait-il. Ce que tenait Edgar, c'était un bout de coquille. La chaleur, sans doute ; l'air trop sec. Il tourna le morceau dans sa main. Curieux : la coquille était donc vide ? A son poids, pourtant, on aurait juré que l'œuf était plein.

Mais les secondes étaient comptées. Il fallait retirer de là tous les débris, et sans traîner. A nouveau, Edgar allongea le bras, tâtonnant à l'aveuglette, à la recherche du lainage et des restes de fossile derrière le chauffe-eau.

Ses doigts rencontrèrent quelque chose. Il eut un sursaut de surprise. C'était lisse et tiède, un peu mou...

Il se força à recommencer. C'était quelque chose qui bougeait. Quelque chose de gros, bien plus gros qu'une souris, et d'ailleurs ça n'avait pas de pelage.

Doucement, tout doucement, Edgar glissa la main sous la chose et lui fit contourner le chauffe-eau.

Il avala sa salive et s'assit sur ses talons.

La chose blottie sur son bras ressemblait un peu à un bas qu'on aurait bourré par endroits et laissé vide à d'autres. C'était gris-vert, vaguement écailleux, et manifestement vivant. Le corps était informe et rondouillard, tout en ventre, un peu comme celui d'un chiot. Le cou était aussi long que la queue, décharné, avec une drôle de petite tête au bout qui avait tout d'une chaussette bourrée de sciure de bois. Quatre moignons de pattes et une queue de rat complétaient la bestiole. Aux coins du bec – mi-canard, mi-tortue – pendaient des brins de laine bleue, vestiges de la chaussette d'Albert Hollins. La créature dormait.

Edgar croyait rêver, et pourtant c'était vrai.

Pour une raison ou pour une autre, son fameux œuf de dinosaure avait été un œuf encore frais et non un fossile sans vie. Pour une raison ou pour une autre, cet œuf avait décidé d'éclore là, dans la douce chaleur du séchoir. Et c'était un bébé dinosaure qu'Edgar tenait dans ses bras.

D'un doigt, Edgar caressa le petit ventre blanc et ridé. La créature souleva les paupières et posa sur lui un regard solennel. Puis les yeux se refermèrent et restèrent clos. La bestiole s'était rendormie. Edgar en oubliait les secondes qui passaient.

La voix de sa mère brisa l'enchantement.

– Edgar ? Tu en mets, du temps !

– Oui, j'arrive. Je me lave les mains et j'arrive.

– Dépêche-toi. Ton père en est à sa

compote, et j'aimerais débarrasser, moi !

– J'arrive ! répéta Edgar, qui n'osait pas crier, de peur d'affoler le nourrisson.

Il entendit sa mère regagner la salle à manger et – grâce au ciel ! – refermer la porte.

Tout allait se jouer maintenant sur des dixièmes de seconde. Que faire de ce nouveau-né ?

Le montrer à ses parents ? Impossible ! Eux qui ne voulaient même pas d'un chat... Sans compter qu'officiellement l'affaire de l'œuf de dinosaure était close. Sans parler non plus des dégâts commis sur la chaussette paternelle. Non, il fallait rester réaliste.

Il n'y avait qu'une cachette possible : la cabane à outils au fond du jardin.

Edgar se releva, serrant la petite bête dans ses bras. Il rabattit sur elle les pans de son cardigan et, sur la pointe des pieds, il redescendit l'escalier, traversa l'entrée, gagna la porte. Il ouvrit tout doucement et se faufila dehors.

Wham ! fit derrière lui la porte qu'il n'avait pu refermer.

Euphemia s'immobilisa, sa pile d'assiettes sales à la main.

– Ce n'est pas la porte d'entrée que j'entends ?

Albert fit disparaître le dernier radis et étouffa un renvoi.

– Pardon, dit-il.

– Je t'ai demandé si tu n'avais pas entendu la porte d'entrée.

– Je sais, s'irrita Albert. Je n'ai pas dit pardon pour te prier de répéter, mais parce que les radis me donnent des renvois.

Euphemia lui décocha un regard exaspéré et continua de débarrasser la table.

– Et maintenant, conclut Albert en sautant sur ses pieds, sus aux souris de l'étage ! Je m'en vais te les faire déménager, moi, tes souris à goûts de luxe – si elles existent.

Pendant ce temps, dans la cabane à outils, Edgar déposait doucement le bébé dinosaure dans le couffin qu'il venait de lui confectionner à l'instant, un vieux carton garni de paille dans lequel sa mère avait dû recevoir une commande de tulipes, l'automne précédent. Mais le nouveau-né préhistorique ne semblait pas apprécier les soins dont le garçon l'entourait. Il brassait l'air de ses petites pattes et se tordait le cou, le bec pincé. Il était parfaitement éveillé.

– Je sais, dit Edgar. Tu as faim, je parie. Et la chaussette de Papa ne devait pas être bien nourrissante. Attends-moi là, je reviens.

Et il courut vers la maison, le long de l'allée de gazon.

Il commença par vérifier qu'il n'y avait plus personne à la cuisine. Parfait. Il s'y coula sans bruit. Le reste de son souper était là, toujours dans son assiette, tout au coin de la table, avec les miettes, le pot à eau, la compote. Il prit son assiette de salade aux sardines et s'éclipsa comme il était venu.

Au même instant, Albert descendait l'escalier.

– Tu es là, Euphemia ? dit-il en s'arrêtant devant la porte de la cuisine.

– Non, je suis dans le séjour. Il y a un concours sur la Trois que j'aimerais...

– J'avais cru t'entendre à la cuisine ?

– Toi aussi, tu entends des choses ? dit Euphemia sans détacher les yeux du petit écran. Non, j'y retourne, il me reste la vaisselle. Mais j'essaie de gagner...

– Tu as gagné : nous avons des souris dans le séchoir. (Il brandissait le vieux pull marron.) Elles ont même fait leur nid dans le pull que m'avait tricoté tante Ermentrude.

Euphemia ouvrit des yeux ronds.

– Mais ! ? Je l'avais jeté, moi, ce pull. Je l'avais mis à la poubelle. Pas plus tard qu'avant-hier. Il n'est même pas en pure laine. Aucun intérêt pour faire briller les meubles.

Albert se gratta la tête.

– A la poubelle ? Dis donc, elles sont douées, tes souris. Première fois que j'entends parler de souris qui soulèvent les couvercles de poubelles et traînent un gros pull à l'étage.

– Qu'est-ce que je te disais, tout à l'heure, au sujet de ta chaussette ? Maintenant, laisse-moi regarder la télé. Ils ont promis le dernier indice pour le concours de « Trouvez l'intrus. »

– Qu'est-ce que tu regardes ? s'informa Albert.

– Les Infos régionales, bien sûr. En

invité, ils l'ont dit hier, il va y avoir un fumeur qui recrache la fumée par ses oreilles.

– Tu sais qu'en ce moment il y a un excellent quart d'heure de westerns ?

Pendant ce temps, dans la cabane à outils, Edgar tendait une feuille de laitue à son nourrisson. Le petit animal ouvrait grand son bec de tortue – garni d'une batterie de dents minuscules – et réduisait la salade en charpie avant de la déglutir avec satisfaction. Puis il ouvrait à nouveau le bec pour en réclamer d'autre. La sardine, en revanche, n'avait pas eu l'heur de lui plaire.

– Je ne sais pas ce que tu es, lui dit Edgar attendri, mais je sais au moins une chose : tu n'es pas un carnivore, tu es un végétarien.

Le bébé dinosaure émit un petit grognement et finit d'engloutir sa laitue, l'œil luisant.

8

Albert Hollins replia son journal avec soin et le posa sur la table. Il se leva, gagna la fenêtre ouverte et se planta devant.

Le jardin étincelait de rosée dans le soleil du matin. Il n'y avait pas un souffle de vent. Une abeille bourdonnait sans hâte au-dessus d'un cognassier du Japon. Une grive picorait la pelouse, à la recherche de vers. Une cloche sonnait au loin. C'était un dimanche matin comme on n'en fait pas beaucoup.

Albert contempla le bleu du ciel et dit sans se retourner :

– Et si nous allions faire un tour en

voiture ? On pourrait pousser jusqu'à Foggymouth.

– Tu crois qu'on pourrait, Papa ? demanda Edgar, incertain.

Il n'aimait qu'à moitié l'idée de laisser son petit dinosaure tout seul une journée entière.

– Hmm, dit son père, ça fait loin, c'est vrai. Mais en emportant de quoi pique-niquer à midi et à l'heure du thé...

– Ce serait une merveilleuse idée, commenta Euphemia qui venait d'entrer.

– Hmm, répéta son mari. Le problème, c'est que par un temps pareil il n'y aura pas moyen de circuler. Les routes vont être infestées de conducteurs du dimanche.

– Alors, on n'y va pas ? demanda Edgar qui ne savait s'il devait le regretter ou s'en réjouir.

– Bah, c'est aussi bien, décida Euphemia. J'essaie de gagner une Vauxhall décapotable à ce concours de mots fléchés, et c'est d'un compliqué !

Albert Hollins se détourna de la fenêtre.

– Et moi, j'ai à faire au jardin. La

pelouse pousse si fort, en ce moment, que c'est tout juste si on ne l'entend pas la nuit. Si je ne la tonds pas aujourd'hui, elle sera trop haute demain.

– Je vais faire ça pour toi, Papa, s'empressa de dire Edgar.

– Toi ? Tondre la pelouse ?

– Vraiment, dit Euphemia qui cherchait sa gomme sous la table. Cet enfant devient serviable, depuis quelque temps, je n'en reviens pas.

– Entendu, dit Albert Hollins, agréablement surpris. Je te laisse tondre le gazon et pendant ce temps je sarcle le potager.

– Sarcler le potager ? Je l'ai fait hier, Papa, dit Edgar.

– Vraiment ? s'écria son père, de plus en plus surpris. Je croyais que tu avais horreur du jardinage.

– J'en avais horreur avant, dit Edgar. Mais c'est fini, maintenant j'adore ça. D'ailleurs, je vais chercher la tondeuse et je m'y mets tout de suite.

Avec un sourire d'ange pour sa mère, il sortit d'un pas décidé en direction de la cabane à outils.

– On nous l'a changé, s'extasia Euphemia. On nous l'a changé pour le meilleur.

Albert se caressait la nuque.

– Je ne comprends pas, murmurait-il. Honnêtement, je ne comprends pas.

Plus de quinze jours s'étaient écoulés depuis l'éclosion du petit dinosaure et, malgré les apparences, Edgar n'avait pas tant changé que cela. C'étaient les circonstances extérieures qui avaient changé pour lui. Qui continuaient de changer...

Edgar détestait jardiner. Arracher les mauvaises herbes était et resterait sa bête noire. Mais ce qu'il abominait plus encore, c'était tondre la pelouse. Oui, mais le moyen d'y échapper ? Que faire d'autre, alors que le petit dinosaure occupait la cabane à outils ?

Petit, d'ailleurs, c'était une façon de parler. Il avait prodigieusement grandi au cours de ces dix-huit jours. De soixante-dix centimètres de long à la naissance, du bout du museau à la pointe de la queue, il était passé à un mètre vingt la veille (Edgar l'avait

mesuré). Désormais, lorsqu'il se dressait sur ses pattes de derrière – ce qu'il avait appris à faire avec une élégance consommée –, il pouvait coller le nez à la vitre de la cabane et contempler le vaste monde, autrement dit le potager. Par bonheur, la fenêtre en question n'était visible que depuis le carré de choux. Bien mieux, au-delà du potager s'étendait un petit bois, et au-delà du petit bois des champs en jachère. Le petit dinosaure pouvait donc épier le paysage par la fenêtre sans risquer d'être vu des voisins.

Le danger n'en était pas moins réel, Edgar ne le savait que trop bien. Son père risquait de l'apercevoir, lui – en venant butter ses choux, ou simplement prendre un outil. Et sa mère aussi allait rôder par là souvent, en quête de persil ou d'une botte de poireaux. S'il prenait au jeune animal l'envie de pointer le nez à la fenêtre à cet instant mal choisi, c'en était fait du secret d'Edgar et de leur tranquillité à tous deux. C'est pourquoi, depuis quelque temps, Edgar proposait gentiment ses services pour aller déterrer trois carottes, cueillir un brin de persil.

– J'ai comme une impression bizarre, avait dit Euphemia l'avant-veille en revenant de cueillir un bouquet au jardin.

– Ah ? laquelle ? avait demandé Albert sans lever les yeux de son journal.

C'était pure politesse de sa part, et parce qu'elle espérait cette question.

– Quelque chose me dit que les voisins

– pas ceux d'à côté, ceux de la maison suivante – se lancent dans l'élevage des cochons.

– Des cochons ? s'était écrié Albert.

Il n'aurait pas été plus surpris, avait songé Edgar, si sa mère avait parlé d'un élevage de dinosaures.

– Oui, des cochons. Je viens de les entendre grogner, à l'instant.

– Ils ne peuvent pas élever de cochons ici, avait protesté Albert. C'est un lotissement résidentiel, pas une cour de ferme. Il y a des règles strictes. Non, tu as dû mal entendre. Ce sont sans doute des lapins. Les lapins sont autorisés. Dans la limite de quatre clapiers par foyer.

– Les lapins ne grognent pas, s'était obstinée Euphemia. Or j'ai bien entendu : Ronk, ronk !

Mais Albert était resté sceptique.

– Les cochons, en plus, ça empeste. Mets le nez dehors, Edgar, et dis-moi si ça sent le fumier. Si c'est le cas, il faudra déposer plainte.

Edgar s'était acquitté de sa mission et il était revenu, sûr de lui :

– Je ne sens absolument rien, Papa.
– Tu vois bien, avait conclu Albert. Si ça ne sent rien, ce ne sont que des lapins.
– Des lapins qui grognent ? avait soutenu Euphemia.
– Des cochons d'Inde, alors, avait suggéré son mari. Les cochons d'Inde, ça grogne, non ?

Euphemia avait levé les yeux au ciel.
– Non, ça pousse des cris aigus. Et encore, pas souvent. Et pas assez perçants pour qu'on les entende à cent mètres.

La conversation en était restée là et Euphemia, grâce au ciel, n'avait plus entendu grogner.

Mais le gros problème que posait à Edgar son petit dinosaure était beaucoup plus grave encore. C'était la question de savoir comment satisfaire son appétit. Et ce problème-là, loin de se régler, grandissait chaque jour avec l'animal.

Dino (c'était son nom provisoire, Edgar n'ayant pas encore pu déterminer à quelle espèce il appartenait), Dino, donc, en était à présent à un grand seau de verdure par jour. Son aliment favori était sans conteste le gazon frais tondu. Chaque fois qu'Edgar sortait la tondeuse, le jeune saurien collait son œil rond à une fissure de la cabane pour surveiller l'opération.

Mais malgré le temps doux et humide, la pelouse n'avait pas besoin d'être tondue tous les jours. Aussi, lorsque les déchets de tonte s'épuisaient, Edgar taillait la haie de troènes et nourrissait sa bête des pousses tendres ainsi récoltées. Jamais la haie de troènes n'avait été taillée d'aussi près. Pour compléter, et en guise de dessert, Edgar prélevait au potager une laitue montée en graine, un chou devenu trop coriace, une poignée de fanes de carottes.

Mais au rythme où croissait l'animal – et sa voracité avec lui –, le jour viendrait bientôt où le lopin familial ne suffirait plus à le nourrir. Edgar en était conscient et cette idée l'affolait un peu.

D'abord, quelle taille Dino était-il censé atteindre, et au bout de combien de temps ?

Le diplodocus, qui arpentait les conti-

nents à l'époque du jurassique, il y a cent cinquante millions d'années, mesurait une trentaine de mètres de long et, en raison de sa taille immense et de sa gueule proportionnellement minuscule, il devait passer le plus clair de son temps à se nourrir.

Edgar referma son livre avec un soupir, et tapota le crâne bosselé du jeune animal.

– J'espère que tu n'es pas un diplodocus, lui dit-il gentiment. Tu te rends compte ? Tu deviendrais si gros, si long que quand tu aurais le nez au portail ta queue dépasserait au fond du jardin. Les tontes de gazon d'une année ne te suffiraient pas pour un seul repas.

Pour toute réponse, le jeune saurien enfouit sa tête écailleuse sous l'aisselle d'Edgar, puis il ploya son cou flexible et, par jeu, se mit à lui mordiller les doigts. Par bonheur, il ne serrait pas fort. Car au fond de sa bouche – de sa gueule ? de son bec ? de son mufle ? Edgar ne savait trop qu'en penser – les centaines de petites dents qui s'alignaient en rangs serrés, cinq ou six rangs pour chaque mandibule, devenaient chaque jour plus acérées.

Etaient-ce des dents de lait ? se demandait Edgar. Peut-être finiraient-elles par tomber ? Peut-être Dino aurait-il, ensuite, une bouche normalement constituée, avec une seule rangée de dents par mâchoire, et de préférence à l'avant ? En attendant, qu'il était drôle avec sa façon de mastiquer ! Il s'emplissait la bouche et, de ses joues musculeuses, il faisait passer sa pitance sur la meule de ses dents, de droite à gauche et de gauche à droite, longuement, consciencieusement.

– Non, décida Edgar, je ne crois pas que tu aies l'intention de devenir diplodocus en grandissant. Je me demande ce que tu peux être – mais bah ! on verra bien. (Il rit de bon cœur.) En tout cas, ce qu'il me tarde de voir, c'est la tête du professeur Corrigan quand je vous présenterai l'un à l'autre.

Edgar ne savait pas encore quand ni comment il révélerait au reste du monde l'existence de son dinosaure. Ce ne serait ni simple ni facile, mais l'événement aurait sûrement un petit goût de revanche. Après tout, songeait Edgar, un certain nombre de personnes lui devaient des excuses, et le professeur Corrigan figurait en tête de liste.

Dino semblait rassasié. Edgar passa une main amicale sur son estomac replet et le jeune animal, à la façon d'un chiot, se laissa aller sur le dos pour offrir son ventre à la caresse. Edgar jeta un coup d'œil à la vitre ; la nuit était presque tombée. Il se leva d'un bond et tapa sur sa cuisse.

– Allez, Dino, debout maintenant. C'est l'heure de la promenade.

Tous les soirs, au crépuscule, il emmenait le jeune dinosaure se dégourdir les pattes au fond du jardin. De là, en principe, ils n'étaient visibles de nulle part. Et surtout, à cette heure, ils ne risquaient vraiment rien. Après dîner, Edgar le savait, ses parents ne s'éloignaient guère du poste de télévision, et jamais ils ne s'aventuraient au jardin.

Edgar et le jeune animal prenaient un égal plaisir à ces sorties vespérales. Depuis quelques jours, Edgar essayait (sans grand succès) de dresser Dino à rapporter ce qu'on lui lançait.

– Regarde, Dino ! Tu vois ce bâton ? Je vais le jeter. Eeeeet hop ! Va chercher, mon gros, va chercher.

Mais ce soir-là moins que jamais l'animal pataud ne s'intéressait aux gesticulations de son jeune maître. Il avait le regard ailleurs, ou plutôt le bec, humant l'air avec frénésie en direction de la clôture. Pour finir, il passa la tête par-dessus la lisse de bois, et là, tendant son cou de tortue, il se mit à gémir tout bas.

– Oui, je sais, lui dit Edgar, nouant un bras autour du cou rêche. Je sais. Tu voudrais bien aller dans le bois, n'est-ce pas ? Parce qu'il y a plein de verdure à croquer, je parie. Je t'y emmènerai, promis. Dès que je t'aurai acheté une laisse et un collier.

Tout en parlant, résolument, il tirait sur le cou têtu. L'heure était venue de ramener l'animal au bercail. Mais ce dernier n'y tenait pas, et ne se résigna qu'à grand-peine. Or il avait, à dix-huit jours, au moins autant de force qu'un berger allemand adulte – et plus de force d'inertie encore.

Pour finir, il suivit Edgar, mais à trois pas de la cabane il étira soudain son cou en direction des étoiles et lança dans la nuit un appel langoureux, déchirant, interminable.

Dans la salle de séjour, Euphemia tressaillit. Elle empoigna la commande à distance, baissa le son du téléviseur.

– Tu as entendu ? Ce cri ? Qu'est-ce que je te disais. Tu as entendu ?

– Quoi, comment veux-tu que j'entende si tu baisses le son ?

Au même instant, sur l'écran, se déclenchait une fusillade : un règlement de comptes entre les bons et les méchants, quelque part au fond d'un canyon, au cœur du Far West.

– Je ne te parlais pas de la télé, s'irrita Euphemia, mais de ce hurlement, dehors. Tu n'as pas entendu ce long cri de cochon dans la nuit ? Je te dis que les gens du 25 élèvent des cochons.

– Non, bougonna Albert, je n'ai rien entendu. D'ailleurs, les cochons, ça ne crie pas ; ça grogne. C'est toi-même qui me l'as dit. Tu as dû entendre un coyote dans le film.

Il saisit la commande à distance et remonta le son.

9

Le vendeur ouvrit une boîte et en sortit un collier à chien qu'il tendit à Edgar.

– C'est notre plus grand modèle, assura-t-il. Tu ne trouveras rien de plus costaud.

– Bon, dit Edgar. Je crois qu'il devrait faire l'affaire.

– Nom d'une pipe, dit le vendeur en glissant le collier dans un sac, avec l'énorme laisse de cuir qu'Edgar avait choisie. C'est un molosse que tu as, ma parole. Un grand danois, je parie ?

– Non, dit Edgar, pris au dépourvu.

– Un saint-bernard, alors ?

– Oui, c'est ça, un saint-bernard, affirma Edgar, gêné.

C'était le seul moyen de couper court aux questions. Il s'empressa de payer – la moitié de sa fortune y passa – et reprit le chemin de la maison.

Mais il ne rentra pas tout droit. Il avait encore une visite à faire.

La bibliothécaire, une petite rousse à lunettes rondes qui s'appelait Pamela, s'arracha à regret à sa lecture, seule à son bureau en cette heure tranquille. Elle leva les yeux vers Edgar.

– Oui ? demanda-t-elle, non sans marquer sa page du doigt.

Costumes de l'époque victorienne, déchiffra Edgar à l'envers. Rien d'étonnant : le grand défilé costumé à l'occasion de la semaine Dickens devait avoir lieu dans un mois, et la bibliothécaire y participait chaque année.

– Excusez-moi, bredouilla-t-il, navré de la déranger. J'ai demandé un livre il y a environ quinze jours, je voulais savoir s'il était rentré.

– Quel titre était-ce ?

– *La Grande Encyclopédie illustrée des dinosaures.*

– Une petite minute, s'il te plaît, dit la jeune femme.

Et elle fit pivoter sa chaise pour consulter le fichier.

Edgar eut soudain l'impression qu'on l'épiait dans son dos. Il regarda par-dessus son épaule. Le gardien était là, fringant dans son uniforme, qui le toisait d'un regard implacable. C'était celui qui l'avait mis à la porte avec l'œuf de Dino, trois semaines plus tôt, sous prétexte que les objets volumineux étaient interdits dans les locaux de la bibliothèque. Cette fois, c'était le paquet contenant le collier et la laisse qu'il regardait d'un air mauvais. Planté devant la porte de la salle de lecture, jamais il ne laisserait Edgar entrer.

Mais la bibliothécaire repoussa son fichier sur glissière.

– Désolée, dit-elle, il n'est pas rentré. Et je dois dire que l'emprunteur aura une amende à payer. Il détient ce livre depuis près d'un mois. Je sais bien qu'il s'agit d'un grand professeur...

« Le professeur Corrigan, je parie », songea Edgar aussitôt.

– ... mais ce n'est pas une raison pour

priver les autres d'un ouvrage précieux. Je vais lui envoyer un rappel. Reviens dans une semaine, d'accord ? Peut-être qu'alors le livre sera de retour ?

– Mais si tu reviens, lança le gardien depuis la porte, pas de paquet volumineux, hein ? Tu es bien le gamin qui avait apporté une grosse pierre, ici, l'autre jour ?

– Pas une grosse pierre, rectifia Edgar. Un fossile.

– C'est du pareil au même. Et pourquoi pas amener ton chien, pendant que tu y es ?

« J'ai mieux qu'un chien à amener ici pour vous narguer », pensa Edgar, mais il ne dit rien.

Le soir même, solennellement, Edgar et Dino étrennèrent la laisse et le collier. Pour la toute première fois, Edgar emmena l'animal de l'autre côté de la clôture, dans le petit bois et ses fourrés.

Au début, le jeune dinosaure ne trouva rien à redire à cette laisse et à ce collier. Mais sitôt dans les broussailles, il changea d'avis radicalement. Il faisait frais entre les troncs, et c'était délicieusement bon après cette journée étouffante.

Le jeune monstre préhistorique semblait avoir une prédilection pour les taillis les plus épais, ceux qu'Edgar appréciait le moins, et il entraînait son maître entre les ronces et les églantiers. Au bout de quelques minutes, Edgar en vint à se demander lequel des deux promenait l'autre, au bout de cette laisse de cuir.

Manifestement, l'animal aspirait à plus de liberté, mais fallait-il la lui accorder ? Si Edgar lâchait la laisse, Dino se contenterait-il du petit bois ou s'empresserait-il d'aller voir à quoi ressemblait le reste du monde ?

Pour finir, après avoir traversé (à son corps défendant) un roncier de belle taille, Edgar décida qu'il n'avait pas le choix. De toutes ses forces, il hala l'animal près de lui et le maintint en respect tant bien que mal, assez longtemps du moins pour détacher la laisse du collier.

Alors, le jeune dinosaure ne se tint plus de joie. Sitôt libéré, il se jeta à corps perdu dans le plus épais des fourrés, où les broussailles poussaient si dru qu'on n'y voyait plus au travers. Inquiet, Edgar le vit se dresser sur ses pattes de derrière et, titubant tel un tout-petit qui exécute ses premiers pas, s'enfoncer dans de hautes fougères pour y disparaître tout à fait.

– Hé, reviens ! cria Edgar, se lançant à sa poursuite. Dino, ici ! Au pied !

Mais Dino n'était plus visible. Edgar entendit encore un instant craquer les broussailles, puis plus rien. Son dinosaure lui avait échappé.

Edgar était au bord des larmes. Si l'animal traversait le bois et poursuivait au-delà, vers les champs cultivés ou du côté de la route, c'en était fait de leur secret.

Il s'élança le long de la coulée ouverte dans les fourrés par la grosse bête pataude. Il appelait à mi-voix, sifflait entre deux doigts.

– Dino, ici ! Au pied !

Toujours rien.

Et puis, soudain, émergeant des fougères, il se retrouva au bord d'un ruisseau, et là, au milieu de l'eau, sous un chêne, était vautré son dinosaure. Edgar s'approcha tout doucement, de peur de voir l'animal s'enfuir. Mais Dino ne bougeait pas, il savourait son bain, tout au plaisir de sentir cette eau lui courir entre les orteils.

Edgar s'accroupit sur la mousse et regarda le jeune animal jouer avec l'eau, du bec et des pattes.

A quelle espèce appartenait-il donc ? Edgar s'était souvent posé la question, mais il avait là un nouvel indice : Dino aimait l'eau.

Ce n'était pas, à la réflexion, un indice très révélateur. Si l'on en croyait les spécialistes, bon nombre de grands sauriens avaient été amateurs de baignades. Beaucoup vivaient de préférence non loin des marécages ou des fleuves.

Le puissant brachiosaurus, par exemple, qui pesait jusqu'à cinquante tonnes (c'était l'un des plus lourds de tous), passait le plus clair de son temps dans l'eau. L'eau aidait ses pauvres pattes à

supporter son poids énorme. Mais Dino ne pouvait pas être un brachiosaure. Ce dernier avait en effet des pattes de devant plus longues que ses pattes de derrière, alors que pour Dino c'était tout le contraire : ses pattes de devant était nettement plus courtes. D'ailleurs, Dino aimait de plus en plus se tenir debout sur ses pattes de derrière, exercice auquel le brachiosaure ne se livrait sûrement jamais. Pour compenser, le brachiosaure avait un long cou de serpent qui lui permettait de cueillir des feuilles à la cime des arbres ou de farfouiller au fond des rivières, à la recherche d'algues. Le diplodocus et le brontosaurus avaient eux aussi un long cou, alors que celui de Dino n'était pas plus long, en proportion, que celui d'un cheval par exemple...

Comme pour prouver le bien-fondé du raisonnement d'Edgar, le jeune saurien se dressa sur ses pattes de derrière, en appui sur sa queue, pour brouter un rameau de chêne au-dessus de l'eau.

Il commençait à se faire tard. Edgar s'approcha, la laisse à la main, afin de la passer au collier de la bête. Mais

Dino choisit cet instant pour renoncer aux feuilles de chêne et plonger la tête sous l'eau à la place. Il en émergea peu après, broutant avec délices une renoncule d'eau.

Edgar lui caressa l'encolure.

– Finis d'avaler ça, vieux frère, et on rentre !

L'animal le regarda, cligna des yeux, et enfouit à nouveau sa tête sous l'eau.

Une bonne ventrée d'algues plus tard, il ne fit plus du tout de manières pour se laisser reconduire au gîte. Edgar lui souhaita bonne nuit, et courut d'une traite à la maison.

Lorsqu'il s'y faufila sans bruit, il faisait nuit noire. Ses parents étaient dans le séjour, où ils regardaient la télévision en grignotant des biscuits salés.

Sur l'écran, en noir et blanc, une armée de jolies filles avec de gros nœuds partout dansaient des claquettes, perchées sur des pianos blancs, tandis qu'un chanteur gominé roucoulait une romance où « amour » rimait avec « toujours » et « cœur » avec « fleurs » et « bonheur ».

Edgar entra sur la pointe des pieds.

Sa mère, qui savourait le spectacle, ne l'avait même pas entendu, mais son père qui s'ennuyait ferme se retourna et tonna :

– Et où étais-tu, on peut le savoir ?

– Pourquoi ? hasarda Edgar. Il est tard ?

– Tard ? rugit Albert Hollins. Un peu, oui, qu'il est tard. Normalement, tu montes te coucher après *La Conquête de l'espace*. C'était il y a un bon bout de temps. Depuis, il y a eu *Chansons à la Une*, plus un policier américain, plus un documentaire sur la vie des pingouins. Trois émissions de retard, et tu demandes s'il est tard ?

– Où étais-tu ? demanda Euphemia, s'arrachant aux pianos blancs.

– Pas loin, répondit Edgar. J'étais juste au fond du jardin.

– Oui, eh bien je suis d'avis que tu y passes beaucoup trop de temps, au fond du jardin, reprit son père. Surtout du côté de ma cabane à outils. Tu m'entends ?

– Oui, Papa, dit Edgar, penaud.

– Et il va falloir que ça change !

– Oui, Papa.

– Parce que, ma cabane à outils, il faut que je la récupère. Je vais en avoir besoin bientôt. Alors, ton petit musée des horreurs, il aurait intérêt à déménager, et vite. Dès demain soir, tu m'entends, je ne veux plus voir une seule pierre, un seul livre, une seule de tes petites choses racornies qui encombrent mon établi. Dès demain, c'est bien compris ? place nette dans ma cabane à outils.
– Demain, Papa ? s'écria Edgar, horrifié.
– Si je te le dis. J'ai un gros travail à y faire.
– Ah bon, dit Edgar, atterré.
– Et maintenant, au lit. Demain, tu as du pain sur la planche. Bonne nuit, mon garçon.
– Bonnuit, Papa. Bonnuit, Maman.

Edgar quitta la pièce en traînant les pieds. Sur l'écran, les jolies filles avaient troqué leurs gros nœuds contre des châles et des sabots, et elles dansaient autour d'un moulin tandis que le chanteur s'égosillait, éperdu, sur « Amsterdam » et les « dames », « chagrin », « demain » et « je reviens ».

Edgar se mit au lit comme un automate. Que faire, mais que faire de Dino à présent ? D'un côté, l'ultimatum paternel était une catastrophe. De l'autre, il était peut-être du pain bénit : Dino devenait trop grand pour la cabane, de toute manière. Tôt ou tard, il aurait fallu lui trouver un nouveau domicile.

Au fait... pourquoi ne pas l'installer dans le petit bois ? Il s'y était plu, manifestement. Mieux, il n'avait pas même fait mine de s'échapper dans les champs voisins, de l'autre côté du ruisseau. Personne ne venait jamais se promener là. Et l'endroit présentait l'avantage de fournir le couvert en plus du gîte, au moins pour un temps : outre les renoncules d'eau à foison, il y avait là tant de broussailles et de fougères grand aigle que le jeune saurien s'y nourrirait sans problème, durant de longues semaines en tout cas. Oui, c'était la meilleure solution. Dès le lendemain, aux aurores, Edgar emmènerait Dino dans le bois.

Sa décision prise, Edgar ferma les yeux et s'endormit aussitôt.

En bas, dans le séjour, l'opérette hollywoodienne tirait à sa fin. Le chanteur aux cheveux luisants étreignait la blonde aux cils en balayette, et toutes les autres filles dansaient la ronde autour d'eux sur fond de violons langoureux.

– Ah ! dit Euphemia, nostalgique. On n'en fait plus, des comme ça...

Albert se demanda un instant à quoi elle faisait allusion. Etaient-ce les comédies musicales ou les beaux bruns à cheveux plaqués dont on avait arrêté la fabrication ?

Il garda la question pour lui. Il somnolait à moitié.

Euphemia éteignit le téléviseur avec un soupir de regret et se tourna vers son mari.

– Pauvre Edgar. Tu as été un peu dur avec lui, tu sais ? Songe à toutes les joies qu'il retire de ses petits trésors, même si ce sont surtout, je te l'accorde, de vrais nids à poussière.

– Admettons. Mais je trouve qu'il fait beaucoup trop de cachotteries, depuis quelque temps. Tu ne diras pas le contraire. En plus, j'ai authentiquement besoin de ma cabane à outils. Un gros travail que m'a confié le patron.

– En dehors de tes heures ?

– Oui, mais c'est pour l'honneur. Tu sais, le grand défilé à travers la ville, pour la semaine Charles Dickens ?

– Oui ?

– Eh bien, l'usine aura son char, cette année : un de nos camions, qui sera décoré d'une grande statue d'Oliver Twist, en plâtre armé de grillage et en papier mâché. Et c'est moi qui vais la peindre – dans ma cabane à outils.

– Dis donc, c'est vraiment un honneur.

– Et tu ne sais pas le plus beau : le camion, c'est moi qui le conduirai.

– Magnifique. Enfin, tes qualités sont reconnues. Je savais que ça viendrait un jour. Tiens, je vais écrire à tante Gertie et oncle George, pour le leur annoncer et les inviter à venir assister au défilé.

– Pourquoi pas ? Oui, ça devrait leur plaire.

– Et ça leur clouera le bec, surtout. Eux qui vantent sans arrêt les mérites de leur Cyril qui est bûcheron au Canada.

– Ne m'en parle pas, grogna Albert.
– Et je suis fière de toi, tu sais. Tu dois bien l'être aussi, non ?
– Oh, je ne sais pas, dit Albert, modeste. Ce qui m'ennuie un peu, tu comprends, c'est la lenteur du défilé. Du dix à l'heure d'un bout à l'autre, pare-chocs contre pare-chocs, sans jamais accélérer. Je sens que ça va être encore pire qu'un embouteillage !

10

Edgar examina l'image sur l'*Encyclopédie illustrée des dinosaures,* puis il se tourna vers Dino et l'examina à son tour. Il avait enfin mis la main sur le volume convoité et à présent, à plat ventre dans l'herbe, il tentait une fois pour toute d'identifier son animal.

– Serais-tu un hypsilophodon, par hasard ? Ou alors, un euparkeria ? Pour bien faire, il faudrait que je voie ton bassin. (Edgar étudiait la planche ; elle représentait le squelette de deux types de dinosaures.) Ils disent que c'est ce qui permet de distinguer les saurischiens des ornithischiens. Oui, mais voilà : comment savoir à quoi ressemble ton bassin ? Avec ton petit ventre rond...

Dino l'écoutait, placide, tout en fouillant le fond du ruisseau, à la recherche d'algues molles.

– Allosaurus. Non, sûrement pas. Tu n'as pas ces vilaines dents de brochet, et tu n'es pas un carnivore. Hier encore, tu as tordu le nez sur le bout de jambon de mon sandwich, et ne parlons pas du hamburger de dimanche dernier... Ah ! tiens, l'iguanodon. Voilà qui te ressemble davantage, j'y avais déjà pensé. Fais voir un peu tes pattes de devant ? Hmm, non, rien à voir. Tu n'as pas ces « onglons » qu'on voit sur le dessin, tu aurais plutôt les pattes palmées, comme la chienne terre-neuve d'Emily...

Edgar se tut. Il inspectait une planche représentant « L'évolution des cératopsiens ». Aucun rapport avec Dino, mais ces grosses bêtes à excroissances osseuses sur la tête, cornes, casques et collerettes, étaient vraiment fascinantes. A côté d'elles, le rhinocéros manquait un peu de caractère.

Sur la page suivante, deux stegoceras

se livraient combat. Là encore, la ressemblance avec Dino n'était que lointaine, mais la scène laissait rêveur.

Edgar tourna une nouvelle page, et s'absorba dans sa lecture. Une fourmi lui escalada le mollet, piqua un peu pour voir – il ne le sentit pas. Il était bien trop absorbé. Enfin il émergea et se retourna vers Dino.

– Voilà, dit-il. Je sais. Je sais ce que tu es. Oui, c'est ça, tourne ton bec vers moi. Pas de problème. C'est tout toi. Là, sur l'image. Sauf qu'ils se sont trompés, ils t'ont fait un peu trop vert. Mais pour le reste, c'est tout à fait toi. Tu es un anatosaurus.

Le jeune saurien ne parut ni flatté ni froissé. Il continua de fouiller le fond du ruisseau avec méthode.

– Tu veux que je te lise ce qu'ils disent de toi ? proposa Edgar. Il y en a toute une page. Je suis bien content d'avoir enfin pu emprunter ce bouquin à la bibliothèque. Ecoute :

« L'anatosaurus (du latin "anas", canard, et du grec "sauros", lézard) appartient à la famille des dinosaures à bec de canard qui vivaient durant la période du crétacé,

il y a environ cent vingt millions d'années. C'était l'un des plus imposants des membres de ce groupe puisqu'il atteignait une longueur de neuf mètres et un poids probable de plus de trois tonnes. Dino ! ! Tu n'as pas fini de grandir, dis donc ! Je continue. *L'anatosaurus était sans doute un excellent nageur, comme le suggèrent ses pattes palmées, et devait passer une bonne partie de sa vie dans l'eau – cours d'eau, marécages, océans.* Pardi ! Tu étais déjà au courant, toi. *Son régime était constitué, selon toute vraisemblance, d'algues et de plantes aquatiques, mais sa bouche était équipée d'un mécanisme de broyage constitué de milliers de dents, ce qui devait lui permettre en fait de consommer n'importe quelle substance végétale, même la plus coriace.*

« L'anatosaurus semble avoir été une créature paisible qui se déplaçait sans hâte, mais il est vraisemblable qu'il était capable de courir en cas de besoin, notamment pour échapper à ses prédateurs naturels, les dinosaures carnivores.

« Voilà, conclut Edgar. Il y a encore d'autres détails, mais je te les lirai une autre fois, si ça t'intéresse. En tout cas, je suis bien content d'en savoir davantage sur toi. Et je suis bien content aussi que tu ne sois pas un tyrannosaurus, ni un – tu ne vas jamais me croire, mais j'ai trouvé ça à l'instant –, ni un albertosaurus du Canada, qui était tout aussi sanguinaire ! J'y pense : ça t'ennuierait si, au lieu de t'appeler Dino tout bêtement, je t'appelais Nat à partir de maintenant ?

En guise de réponse, le jeune dinosaure qui n'avait plus faim sortit de l'eau et inclina le cou, présentant à la caresse sa grosse nuque écailleuse. Edgar la gratta d'une main amicale. Edgar et son anatosaurus étaient excellents amis.

L'été avait ramené les vacances, un bel été anglais au ciel d'un bleu de fleur de lin. Il y avait déjà deux mois que le jeune dinosaure vivait dans le petit bois. Edgar passait avec lui le plus clair de son temps. Au fond, tout s'était arrangé. Les habitants de Myronton, ignorant la présence d'un anatosaurus sur le territoire communal, lui laissaient une paix royale, et le saurien de

son côté, parfaitement heureux de son sort, ne faisait rien pour troubler leur sommeil. D'abord, à la grande joie d'Edgar, il se cantonnait volontiers au plus profond du bois, avec une prédilection spéciale pour l'endroit où le ruisseau s'évasait en trou d'eau sous les arbres. Jamais il ne s'aventurait à la lisière du bosquet, jamais il ne passait la tête hors du couvert des feuillages. Tout le jour, l'air satisfait, il broutait les frondaisons, les fougères, les arceaux de lierre, ou débarrassait le ruisseau des algues et des roseaux qui envahissaient son lit.

Son petit déjeuner avalé, Edgar courait au fond du jardin et enjambait la clôture pour rejoindre son ami saurien. Il apportait de quoi lire (des livres sur la préhistoire), et quand tous deux étaient fatigués de jouer à cache-cache, à saute-mouton ou à roule-barrique, ils se vautraient l'un sur la mousse, l'autre dans l'eau du ruisseau, et Edgar faisait la lecture à son jeune élève.

– Tu as de la chance, lui disait-il, de vivre maintenant. Autrefois, tu aurais risqué de te faire dévorer par un tyrannosaure. C'était féroce, ces bêtes-là. Et trois fois plus gros que toi. Quinze mètres de long, un poids de dix tonnes. Tu te rends compte ?

Mais s'il s'en rendait compte, le jeune dinosaure n'en laissait rien voir. Le bec dans la vase et les yeux mi-clos, il gloussait d'aise à mi-voix. Son échine émergée faisait comme une île verte au milieu du trou d'eau.

Edgar poursuivait sa lecture.

– Ecoute un peu. *On ne sait si le tyrannosaure était un animal « à sang froid »*, *comme les reptiles de nos jours, ou un animal « à sang chaud », comme les mammifères et l'être humain. Dans le premier cas, son poids en viande devait lui suffire pour plusieurs semaines ; dans le second, il lui fallait dévorer ce même poids en l'espace de quelques jours. Son régime pouvait alors être constitué d'un hadrosaure* (c'est toi, ça) *tous les deux ou trois jours.* Et toi, Nat, à propos ? Tu es à sang chaud ou à sang froid ?

Edgar allongea le bras pour vérifier. Mais le dos de son saurien n'était ni chaud ni froid. Ecailleux simplement. L'animal prit le geste pour une invite à jouer. Il se hissa hors de la mare, dégoulinant d'eau vaseuse, et présenta son cou au garçon pour l'inviter à monter dessus. Edgar s'installa à califourchon sur l'encolure râpeuse. Lorsqu'il se redressait sur ses pattes de derrière, l'animal faisait une monture fabuleuse. Edgar se cramponnait ferme, et tous deux parcouraient le bois cahin-caha, le dinosaure se dandinant avec aisance entre les troncs noueux.

Oh ! ils avaient connu quelques chaudes alertes, tous les deux. Un jour, c'était un couple d'amoureux qui avait traversé le bois, main dans la main. Le lendemain, un chercheur de champignons, panier au coude, avait suivi le même chemin. Les premiers n'avaient rien vu ; Edgar et sa bête s'étaient tenus cois, et les amoureux sont seuls au monde, c'est bien connu. Quant au second, il n'avait pas levé les yeux de la mousse et des feuilles mortes. Mais il faisait bien trop sec pour qu'il y eût là le plus petit mousseron, et il n'était pas revenu.

Mais la plus chaude alerte prit la forme d'un car de touristes américains, un superbe car climatisé avec toilettes et douches à l'arrière, vitres teintées et musique douce.

Le véhicule fit halte, par un bel après-midi d'août, sur le bas-côté de la route, de l'autre côté du champ en jachère. La porte s'ouvrit en chuintant et sa cargaison en descendit, bruyante et joyeuse, heureuse de respirer un peu et de jouir du paysage.

Les messieurs portaient des chemises à fleurs sur des bermudas, les dames des lunettes de soleil en forme d'ailes de papillon avec des diamants tout autour. Tous avaient en bandoulière des sacs de toile ornés du portrait de Shakespeare, souvenirs de leur escale à Stratford-sur-Avon, et un appareil photo au cou, comme si le règlement l'exigeait.

Leur guide désigna les toits, de l'autre côté de la route.

– Et ici, mesdames et messieurs, vous avez le bourg de Myronton, haut lieu de l'histoire littéraire puisque c'est là que Charles Dickens, célèbre romancier anglais (1812-1870) écrivit certaines de ses œuvres les plus connues.

– Bigre, commenta une dame à frisettes.

– Seigneur, murmura une autre.

– Lesquelles ? s'informa une troisième.

C'était une dame du Michigan, Miss Evangeline Purcell, et elle posait à elle seule plus de questions en cinq minutes que le reste du groupe en cinq jours.

– Certaines, s'entêta le guide, imperturbable.

– Oh ! regardez, s'écria Miss Purcell en désignant le petit bois. L'adorable forêt miniature ! Je parie que Dickens a passé là des heures à écrire et à prendre des notes.

– C'est bien possible, accorda le guide pour qui le client était roi.

– Merveilleux ! s'extasia Miss Purcell. Il faut que j'aille prendre quelques photos de ces vieux arbres qui ont sans doute vu les premiers pas d'Oliver Twist.

Déjà, relevant sa jupe-culotte, elle enjambait le muret de pierres sèches et s'élançait à travers prés.

– Non, non, madame ! S'il vous plaît, revenez ! s'égosillait le guide. Nous n'avons pas le temps de prendre de photos ici ! Nous sommes attendus pour le thé à la maison natale des sœurs Brontë.

Trop tard. Evangeline Purcell était loin. Elle n'entendait plus que le chant des oiseaux.

A l'orée du bois, elle ralentit le pas. Elle avait un léger point de côté, mais surtout elle venait de songer que trois troncs de chêne ne feraient pas un cliché bien sensationnel. Pas de quoi arracher des Oh ! et des Ah ! extasiés aux amis qu'elle inviterait à une soirée diapos, de retour chez elle. Mais peut-être qu'avec un peu de chance un papillon rare ou une portée de lapereaux allait sauver la situation.

Son appareil armé, l'objectif en avant, Miss Purcell continuait d'avancer à pas de loup.

A l'instant même où l'Américaine s'aventurait au cœur de l'Angleterre profonde, Edgar et son dinosaure étaient lancés dans une partie de cache-cache. C'était au tour d'Edgar de se cacher et à l'animal de le trouver. Entendant craquer des brindilles, le jeune saurien tendit le cou et dressa l'oreille.

Le bruit provenait de derrière un fourré de ronces. Il s'approcha tout doux sur ses grandes pattes palmées.

De l'autre côté du fourré, Miss Purcell aussi avait entendu un bruit. Vite, elle s'était postée à l'affût, le doigt sur le déclencheur de son appareil. Un animal approchait dans sa direction ! Un animal européen, peut-être un cerf ou même un daim, quelque chose de gros en tout cas.

Au pied du fourré, l'anatosaurus s'arrêta. Il se dressa sur ses pattes de derrière, tendit le cou pour regarder de l'autre côté...

Lequel des deux fut le plus saisi, le

plus ébahi, le plus horrifié, nul n'aurait su le dire. L'animal préhistorique eut un sursaut de recul et souffla dans ses naseaux, éberlué. La demoiselle poussa un cri étranglé et resta bouche bée un instant. Puis chacun détala dans la direction opposée, sans proférer un son de plus.

Là-bas, près du car aux vitres teintées, le groupe eut la surprise de voir Miss Purcell revenir à bride abattue, sautant par-dessus les chardons avec l'ardeur d'une jouvencelle.

– Je l'ai vu ! criait-elle. De mes yeux vu !

– Qu'avez-vous donc vu, madame ? s'enquit le guide poliment, en lui tendant une main galante pour franchir le muret de pierres.

– Le monstre du Loch Ness, pardi ! répondit Miss Purcell hors d'haleine, dédaignant la main secourable.

– Un monstre, où ça ? s'informèrent ses semblables.

– Gros comment ?

– De quelle couleur ?

– Il vous a attaquée ?

– Partons d'ici ! recommandait une âme sensible.

Mais le guide n'entendait pas voir l'affolement gagner son groupe.

– Je puis vous garantir, chère madame, que vous avez dû faire erreur. Vous aurez aperçu un vieux tronc, peut-être. Il n'y a pas de monstre du Loch Ness, du moins pas dans cette région de notre vieille Angleterre.

– Je sais ce que j'ai vu, pourtant ! s'obstina Miss Purcell, au bord de l'hystérie. C'était un monstre. Enorme, couvert d'écailles, avec une longue queue. Bien comme le monstre du Loch Ness sur l'affiche de l'agence, chez nous – l'affiche qui recommandait « Visitez le Royaume-Uni ».

– Mais justement, madame, triompha le guide. Le Royaume-Uni, peut-être. Mais vous êtes en Angleterre, ici. Le monstre du Loch Ness est natif de l'Ecosse. Non, croyez-moi. Nos belles campagnes anglaises ne recèlent de monstres d'aucune sorte. Depuis dix-sept ans que je suis guide assermenté, pensez bien que j'en aurais vu, s'il y en avait.

– Mais puisque je vous dis que cette créature s'est présentée d'elle-même à mes yeux !

Le guide faisait non de la tête.

– Des fantômes, tant que vous en voudrez. Des monstres, non. Certains diraient que c'est dommage, mais moi, ces bêtes-là ne me manquent pas. Les revenants, c'est plus sympathique. D'ailleurs, ce soir, c'est là que nous passons la nuit : dans un château hanté. Sauf qu'au train où nous allons jamais nous n'y serons à l'heure. Si vous voulez bien vous donner la peine de remonter à bord, mesdames et messieurs...

– Tout ce que vous voudrez mais ce monstre, je l'ai vu, s'obstinait Miss Purcell. Et j'ai de quoi le prouver. (Elle brandit son appareil photo.) J'étais prête à prendre un cliché, et comme il m'a fait sursauter j'ai appuyé sur le déclencheur. Vous verrez, quand je porterai cette pellicule à développer !

Le guide eut un sourire narquois.

– M'étonnerait que je voie grand-chose. Surtout si vous n'avez pas enlevé le cache-objectif que je vois là.

Miss Purcell baissa les yeux. Tout le temps de son expédition, le cache était resté vissé sur l'objectif. Elle n'avait plus la moindre preuve de l'existence du monstre vert.

Elle se tourna vers ses compagnons de voyage.

– Ecoutez ! Venez avec moi dans ce petit bois. Il n'est pas grand, et le monstre est énorme. Nous ne pouvons pas le manquer.

Les autres hésitèrent.

– J'ai dit : tout le monde à bord ! rappela le guide agacé. Reprenez vos places, s'il vous plaît, pour la suite de notre tournée culturelle ! La maison natale des Brontë pour le thé, et la nuit dans un château hanté !

Alors, en file indienne, les touristes regagnèrent leurs places. Seuls Miss Purcell et le guide inflexible restèrent sur le bas-côté.

– Madame, dit le guide poliment, voulez-vous bien monter à bord ou faut-il que nous repartions sans vous ?

L'Américaine soupira et, sur un dernier regard en direction du petit bois, elle se hissa dans le véhicule. Le guide l'y suivit sans mot dire, il actionna la porte à glissière qui se referma en chuchotant. Le car s'ébranla lourdement, il regagna la chaussée et repartit vers d'autres aventures.

Là-bas, en lisière du bois, Edgar se redressa, le cœur battant. Il abandonna la cachette d'où il avait suivi l'épisode, et attendit de voir le car disparaître à l'horizon. Il ramassa son grand livre des animaux préhistoriques et se le cala sous le bras. Le soleil commençait à baisser derrière une cépée de hêtres. Encore une belle journée de vacances terminée.

– Bonsoir, Nat ! lança-t-il au passage à son dinosaure, qui se remettait de ses émotions dans l'eau fraîche du trou d'eau.

L'animal remua la tête, des algues vaseuses plein le mufle, et s'extirpa de l'eau pour quêter une caresse.

Edgar tapota le crâne dur.

– Quand tu étais petit, dit-il, c'est ton ventre que tu présentais pour que je le gratte. Mais tu es devenu un peu gros pour ça.

L'anatosaure grogna tout bas, câlin et bonasse. Puis il tourna les talons, et Edgar le congédia d'un coup amical sur la croupe.

– Allez, à demain, bestiole ! Sois sage ! cria-t-il, et il repartit sans hâte en direction de la maison.

11

Au moment de franchir la clôture, Edgar eut un petit sursaut. Son père était là, qui s'affairait devant la cabane à outils. Mais il était trop tard pour reculer ; son père l'avait vu.

– Ah, te voilà ! lança-t-il à son fils après un coup d'œil à sa montre. Où étais-tu passé, qu'on ne t'a pas vu de tout l'après-midi ?

– J'étais juste là, dans le petit bois, répondit Edgar.

– C'est une propriété privée, tu n'as pas à y mettre les pieds.

– Je ne faisais rien de mal, plaida Edgar.

– Peut-être, grommela son père, mais

rien de bien non plus, je parie. Moi, je dis que ces grandes vacances sont beaucoup trop longues. A ton âge...

A pas prudents, Edgar traversait le carré de petits pois. Son père n'avait rien à dire : le potager était impeccable, la pelouse rase comme du velours, la haie taillée au carré. Edgar y travaillait tous les matins. Ce n'était plus pour nourrir son animal, pourtant ; plutôt pour rester en règle avec les autorités parentales.

– Viens donc voir par ici, le héla son père. Et dis-moi si tu reconnais ce personnage.

Edgar s'approcha. Son père était en train de peindre un personnage de carnaval – un jeune garçon, apparemment, en chemisette jaune et culotte bleue, une sorte de bol de bois à la main, le nez en l'air comme s'il implorait une aumône. Il était pieds nus, des pieds d'un rouge écrevisse, comme l'étaient aussi ses mains, son nez, ses joues, ses oreilles.

– Alors ? insista son père. Qui est-ce ?

– Oliver Twist ? hasarda Edgar.

Après tout, manifestement, c'était un

personnage destiné au défilé de la Grande Semaine Charles Dickens.

– Tout juste, dit son père, ravi. Il ornera le char de l'usine, samedi. Et c'est moi qui conduirai le char, qu'en penses-tu ?

– Je le savais, avoua Edgar. Maman me l'avait dit. (Il observait le personnage, intrigué.) Euh... Pourquoi est-il rouge comme ça ? Il a attrapé un coup de soleil ou c'est le froid, au contraire ?

– Mais non, mais non, marmotta son père. Il n'est pas censé être rouge. Simplement, je n'ai pas trouvé de rose, il a

bien fallu que je me débrouille. Bah ! Personne ne remarquera rien. Un défilé de chars, il y faut de la couleur. Si ce rouge t'a l'air un peu vif, c'est que tu as le nez dessus.

– Possible, dit Edgar en s'éloignant vers la maison.

– A propos ! le rappela son père. Ton oncle et ta tante viennent d'arriver, ta mère les a invités pour quelques jours. Tâche de bien te tenir tout le temps qu'ils seront là.

Edgar grogna intérieurement. Oncle George et tante Gertie étaient bien gentils, à leur façon, mais qu'ils étaient assommants, aussi !

Ils étaient tous trois au salon, sa mère, son oncle et sa tante, perchés sur le rebord de leurs fauteuils, le dos raide de politesse. Tante Gertie, comme toujours, régentait la conversation et oncle George, comme toujours, renchérissait sur chacun de ses dires. Euphemia les écoutait tout en surveillant du coin de l'œil le poste de télévision. Elle jouait au grand jeu-concours de la Valise magique, et tenait à ne pas manquer le mot clé de la journée.

– Et voilà notre petit Edgar ! s'écria tante Gertie, ouvrant les bras à son arrivée. Juste ciel ! il n'a pas grossi.
– Ma foi non, approuva oncle George. Il ne sera jamais champion du monde des poids lourds, à ce train-là, c'est couru d'avance.
– Il est en bonne santé, c'est l'essentiel, dit Euphemia en soupesant des yeux son rejeton. N'oublions pas qu'il n'a que onze ans.
– A onze ans, déclara tante Gertie, notre Cyril était déjà fort comme un Turc.
– Sûr, renchérit oncle George. Une armoire à glace.
– Mais de toute manière, dit Euphemia, Edgar n'est pas taillé comme Cyril.
– Pour ça, non ! reprit tante Gertie. Mais Cyril, il faut bien le dire, il n'y en pas deux comme lui. Ah ! j'aurais dû apporter la lettre que nous avons reçue de lui l'autre jour. Il fait son chemin dans la vie, ce garçon. Le Canada lui réussit bien. Tu devrais en prendre de la graine, Edgar. Tu ne pourrais pas faire mieux que de suivre les traces de ton grand cousin.

– Mais peut-être qu'Edgar ne tient pas à devenir bûcheron au Canada, fit observer Euphemia.

– Oh ! mais il n'est plus seulement bûcheron, s'écria tante Gertie. Il a été promu.

– Il est forestier, maintenant, compléta oncle George. Responsable de toute une forêt.

– Oui, se rengorgea tante Gertie, et moi, quand je le vois progresser comme ça, je me dis que peut-être un jour il finira président du Canada.

– Euh, hésita Edgar. Il n'y a pas de président, au Canada. Juste un Premier ministre, comme ici.

Tante Gertie lui décocha un regard vengeur.

– S'il ne tient qu'à Cyril, dit-elle, ils pourraient très bien en avoir un avant longtemps.

– Et toi, demanda oncle George à Edgar, qu'est-ce que tu veux être, plus tard ?

– Paléontologue, répondit Edgar.

– Ah ? C'est intéressant, marmonna tante Gertie.

Et elle fit mine de se moucher, plutôt

que d'avouer qu'elle ne savait pas en quoi consistait ce métier.

– Et qu'est-ce qu'on fait au juste, dans la branche ? s'enquit l'oncle sans fausse honte.

– On étudie les fossiles ; les restes de dinosaures et autres animaux préhistoriques, expliqua Edgar.

– De dinosaures ? s'étonna tante Gertie. Ce n'est pas un peu dépassé ?

– Pas qu'un peu, répondit l'oncle. Ils avaient disparu avant l'arche de Noé.

Tante Gertie inspectait la pointe de ses chaussures.

– Hmm, dit-elle, tous les goûts sont dans la nature, mais... Tu ne crois pas qu'il vaudrait mieux te tourner vers l'avenir, Edgar ? Songe à Cyril. Le Canada : voilà un pays d'avenir !

Edgar n'eut pas à répondre. Son père faisait irruption dans la pièce, les mains dans un chiffon qui fleurait bon la térébenthine.

– Et voilà ! annonça-t-il. Oliver Twist est fin prêt. Tout beau, tout coloré, il n'y a plus qu'à le laisser sécher.

– Oliver Twist ? s'étonna tante Gertie.

– Oui, Albert conduit un char, samedi, expliqua Euphemia, toute fière. Un char avec Oliver Twist à l'arrière.
– Je vois, dit tante Gertie. Dickens, ce n'est pas un peu vieillot, depuis le temps ?
– Dickens est éternel, intervint Albert. C'est un classique.
– Et vous verrez, promit Euphemia. Ce défilé est une merveille. Chaque année un peu plus beau. Des chars par dizai-

nes, des tas de gens vêtus à la mode victorienne... Non, je suis sûre que vous allez adorer.

– J'en suis sûre aussi, affirma tante Gertie – du ton dont elle aurait dit : rien n'est moins certain. Pour être franche, je suis davantage attirée par tout ce qui est moderne, mais puisque c'est culturel...

– Oh ! mais ce n'est pas seulement Dickens et le passé, se défendit Albert. Il y a aussi une parade aérienne, juste avant le défilé – des bombardiers de la RAF qui survolent la ville à basse altitude –, et une grande exposition de cactus et de plantes grasses à la Salle municipale.

Tante Gertie renifla.

– Tout cela est bien tentant ; il me tarde d'être à samedi.

D'immenses banderoles bariolées surplombaient la grand-rue, l'une à hauteur du supermarché, l'autre entre le garage Volvo et la salle de cinéma :

GRANDE SEMAINE CHARLES DICKENS,
du 18 au 24 août

proclamait la première. Et la seconde annonçait :

Samedi 23 août

DÉFILÉ DE CHARS, MEETING AÉRIEN

Des guirlandes et des lampions complétaient la décoration, ainsi qu'un grand portrait de Charles Dickens imprimé sur toile, au-dessus de l'entrée de la mairie, et que le vent faisait tour à tour rire et grimacer sans répit.

Officiellement, le défilé devait commencer à 14 heures. Mais l'horloge de la mairie indiquait 14 heures 50, et rien n'apparaissait encore à l'horizon de la grand-rue. En fait, les chars étaient seulement en train de s'aligner, là-bas, sur le parking du supermarché, à l'entrée de la ville. Mais la foule massée au centre de la bourgade n'en savait rien, bien sûr, et chacun scrutait le haut de la rue, guettant l'apparition du premier véhicule bariolé.

Perdu dans la foule en face de l'auberge du *Chat-qui-fume*, Edgar guettait le défilé avec sa mère, sa tante et son oncle.

Avant de se mettre en route, juste

après la tarte aux prunes, il était allé prévenir son dinosaure que pour une fois, à son grand regret, il ne passerait pas l'après-midi avec lui. Ce n'était pas une catastrophe. L'animal pouvait rester seul quelques heures. Il était en sécurité dans le petit bois au fond du jardin. Et il risquait d'autant moins d'être découvert que tout Myronton, à cette heure, était massé le long de la rue principale. Malgré tout, Edgar avait un pincement de cœur en songeant à son animal. Emily, la fille du cafetier, avait son gros terre-neuve avec elle, sagement assis sur son arrière-train au bord du trottoir. Trente centimètres de langue rose pendaient de sa gueule entrouverte et ses yeux riaient sous son poil bourru. Visiblement, il trouvait bon d'être de la fête. Et pourquoi pas Nat ? songeait Edgar. Lui aussi, peut-être, aurait aimé guetter le défilé de chars.

Tante Gertie, en revanche, trouvait le temps fort long et ne se privait pas de le dire. A chaque instant, elle regardait sa montre et bredouillait des choses sur « la plus élémentaire politesse », « le respect du public », « les règles de la bienséance ».

– Au Canada, j'en suis sûre, les défilés de chars commencent à l'heure. Cyril dit toujours que là-bas...

Mais personne n'écoutait tante Gertie. Là-bas, à l'horizon de la grand-rue, la fanfare municipale venait d'apparaître. Flonflons et roulements de tambour, uniformes rouge vif avec galon doré, c'était le signal de la fête.

Derrière les musiciens, telle une tortue géante, le premier char apparut à son tour : un camion orné de banderoles et de grosses fleurs en papier crêpon, à la remorque surmontée d'un Oliver Twist au teint d'écrevisse.

Au même instant, à travers ciel, un bruit déchirant fusa, mi-rugissement, mi-plainte, qui s'amplifiait de seconde en seconde et tournait au roulement de tonnerre :

Nnnnnn iiiii aaaaaaa ouououououou RRRRR OOOOOOO HHHHH !

La patrouille aérienne commençait sa démonstration.

D'instinct, chacun rentra le cou dans les épaules, comme si quelques centimètres en moins réduisaient le risque de se faire raser de trop près.

– Ouaaaaaiiiiiis ! hurlèrent des gamins en extase, tandis que l'engin passait, pareil à un long obus vert-de-gris et doté d'ailes.

Au volant de son camion, Albert Hollins mit la main sur son levier de vitesses, puis il se souvint : non, c'était un défilé ; on lui avait bien recommandé de ne pas dépasser le dix à l'heure. Il ravala un soupir. Au moins, c'était lui qui ouvrait la voie. L'impression de rouler dans un embouteillage en était un peu atténuée.

– Nnnnn iiiiiii aaaaaaa ouououoou RRRRRRRRRRR OOOOOOOOOOOO HHHHHH !

– Ouaouh, deux d'un coup ! hurlaient les gosses en délire. Et vous allez voir, les gars ! Tout à l'heure il y en aura trois !

Là-bas, dans le petit bois, les arbres avaient frémi de la cime aux racines. A la première alerte, le jeune anatosaure, qui broutait tranquillement le lichen d'un vieux chêne, s'était figé d'effroi. A la seconde alerte, plus effrayé encore, il lança en arrière sa petite tête osseuse et poussa un long cri qui alla se noyer dans le hurlement des réacteurs. Après quoi, fou de terreur, il prit ses jambes à son cou et chargea à travers les troncs...

– Regarde, Edgar ! s'égosillait Euphemia. C'est ton père ! Fais-lui coucou !

Edgar agita le bras.

– Tiens, mais pourquoi Oliver Twist est-il rouge comme une tomate ? demanda tante Gertie en plissant le nez.

– Parce qu'il a attrapé un coup de soleil, expliqua Edgar. Tu ne te souviens pas ? Tu devrais relire le livre.

Tante Gertie se moucha. Il lui semblait qu'Edgar plaisantait, mais elle n'en était pas certaine. S'enfouir le nez dans un mouchoir permettait de ne pas laisser voir son ignorance.

Edgar tourna la tête pour escamoter un sourire – mais le sourire se figea sur ses lèvres.

Là-bas, au bas de la rue, à l'opposé du défilé, une grande silhouette approchait à fond de train. C'était vert, monté sur pattes, avec un ventre blanc et replet, une longue queue triangulaire qui faisait contrepoids à l'arrière et une curieuse tête de canard au bout d'un cou marbré de jaune.

Nat.

L'anatosaure.

Et il fonçait droit devant lui, droit vers le défilé de chars !

Une rumeur horrifiée s'éleva de la foule. Durant quelques secondes, la stupeur fut si grande que nul n'osa bouger.

Tante Gertie ne se laissa pas impressionner.

– Pas mal imité, dit-elle, mais j'ai vu mieux. Tu te souviens, George, au Canada, quand Cyril nous a emmenés visiter ce parc d'attractions ? Il y en avait des comme ça, aussi, mais nettement plus réussis, je dirais. Plus gros, et plus ressemblants surtout. On aurait réellement cru des vrais...

Mais les musiciens trouvaient celui-ci bien assez ressemblant pour leur goût. Laissant tomber leurs instruments, tambours, cymbales et saxophones, ils coururent se réfugier derrière les barrières mobiles qui contenaient le public. Ou plutôt qui l'avaient contenu, car le public, de son côté, détalait dans le désordre en direction des maisons, des boutiques et autres refuges.

Dans la cabine de son camion, Albert Hollins écrasa la pédale de frein. Le véhicule s'immobilisa avec une secousse. Déséquilibré, Oliver Twist bascula. Il dégringola de la remorque et alla s'écraser sur la chaussée, plus cramoisi que jamais.

Derrière lui, dans les chars suivants, la même scène se reproduisait à l'identique. Scrooge, Mr. Pickwick, David Copperfield, la Petite Dorritt – tous avaient piqué du nez et gisaient sur le macadam, désastre multicolore.

Saisi, le jeune dinosaure s'était arrêté net. A présent, un peu ébahi, il contemplait le spectacle.

Depuis l'entrée de la boulangerie où l'avaient entraîné de force sa mère, son oncle George et sa tante Gertie, Edgar vit un agent de police marcher droit vers son dinosaure, et stopper à distance respectueuse.

– Pchhhh, toi ! fit le représentant de la

maréchaussée, avec un geste éloquent. Va-t'en ! Allez, déguerpis !

Le dinosaure tourna le cou vers lui d'un air placide. Puis il avisa une fleur de papier crêpon et la cueillit d'un bec gourmand.

– Tu m'entends ? Qu'est-ce que j'ai dit ? gronda le policier, toujours à distance respectueuse de la bête.

L'animal inclina la tête de côté. Il ne saisissait pas le sens des mots, bien sûr, pas plus qu'un chiot ou un chaton. Mais tout comme ces derniers il avait appris à déchiffrer les intonations. Ce ton sévère ne le trompait pas : le bipède armé d'un bâton n'avait pas l'air content du tout. Alors le jeune anatosaure se redressa et, sans se presser, ballottant de la queue, il repartit comme il était venu.

Le policier le suivit des yeux et sans mot dire, enjambant les débris, il gagna la cabine téléphonique la plus proche.

– Une urgence ? répondit l'opérateur. Que désirez-vous ? Une ambulance ? Les pompiers ? La brigade de police ?

Le policier contempla les dégâts derrière la vitre de la cabine.

– Envoyez-les-moi tous, dit-il.

DICKENS
DICKENS
DICKENS
DICKENS

12

Dans le petit salon du pavillon Hollins, Albert et Euphemia, tante Gertie et oncle George commentaient inlassablement l'événement de l'après-midi. Edgar était là aussi, tout petit au fond d'un fauteuil, mais il se gardait bien de révéler ce qu'il savait de l'affaire.

– Franchement, je ne sais pas qu'en penser, disait Albert pour la énième fois, tout en tournant sa cuillère dans le thé que lui avait servi Euphemia – très chaud et très sucré, pour l'aider à se remettre de ses émotions.

– Nous non plus, tu sais, assurait sa femme. Nous non plus. Comment trouves-tu ce thé ? C'est une toute nouvelle marque, je l'ai acheté à cause de ce concours dont le premier prix...

– C'est à se demander où va le monde, coupa tante Gertie. Où va le pays, en tout cas. A-t-on idée de laisser divaguer à travers les rues un monstre de ce calibre ? Jamais on ne verrait une chose pareille au Canada.

– Certainement pas, renchérit l'oncle George.

– Au Canada, on ne plaisante pas avec la sécurité publique. On n'autoriserait personne à garder une bête aussi laide, et moins encore à...

– Une chose m'intrigue, dit Euphemia. Qu'est-ce que c'était donc ?

– C'est la question que nous nous posons tous, déclara Albert. J'y pense : et si nous regardions la télé ? Peut-être qu'aux Infos ils nous en diront plus.

– Bonne idée ! dit Euphemia. Edgar, toi qui es juste à côté, tu veux bien allumer la télé ?

Edgar obtempéra et regagna son fauteuil.

Les informations s'achevaient. Sur le petit écran, le présentateur discourait, solennel, sur le match de cricket que l'équipe du comté venait de perdre – honteusement – contre une équipe australienne. Puis il tourna un feuillet et sa mine s'allongea encore :

– Nous apprenons à l'instant qu'un monstre énorme et non identifié terrorise les populations dans la région de Myronton.

– Terrorise les populations ! se récria Edgar. Et quoi encore ?

– Chhhhut ! lui souffla sa mère.

– Le monstre, qui a été vu par des centaines de témoins, et que certains décrivent comme ressemblant fortement à un dinosaure, a fait son apparition lors d'un défilé de chars en plein centre ville, à l'occasion d'un festival culturel. On ignore où se trouve l'animal à l'heure actuelle. Il a mystérieusement disparu et n'a pas été revu malgré la battue effectuée. Suspendues pour la nuit, les recherches reprendront demain à l'aube, avec le concours de la police et de l'armée. Il ne semble pas, pour l'heure, qu'il soit question de réorganiser le défilé.

– Tst-tst ! fit Albert en se levant pour éteindre le poste. Réorganiser le défilé, ils en ont de bonnes. Dans l'état où sont les chars et les décors ! Quand on pense au temps passé à préparer ce festival, aux sommes investies là-dedans. Des semaines et des mois d'efforts, et tout ça pour quoi ? Pour rien. Dire que j'avais passé trois week-ends à peindre cet Oliver Twist !

– Je sais, chéri, compatit sa femme.

– Tu lui avais fait la peau trop rouge, rappela sa sœur. Même pour un coup de soleil, c'était beaucoup trop rouge.

Albert ne releva pas la remarque. A dix ans, déjà, Gertie avait été une peste ; une calamité de sœur aînée.

– Quand même, fit observer Edgar, je trouve qu'ils exagèrent de dire que cet anatosaure terrori...

– Cet anatoquoi ? s'enquit son père.

– Ce monstre, je veux dire, rectifia Edgar très vite. Parce que ce n'est pas comme s'il avait attaqué. Il est arrivé en courant, c'est vrai, mais ensuite il s'est assis par terre sagement. Les dégâts, c'est la faute des musiciens, surtout. Ils se sont affolés et ils ont affolé tout le monde. Et Papa n'aurait pas dû freiner si sec, non plus.

– Edgar ! coupa sa mère. Comment peux-tu dire une chose pareille ? Ton père a fait preuve d'un sang-froid remarquable, au contraire. Dieu sait ce qui serait arrivé s'il n'avait pas stoppé le défilé.

– Mais il n'aurait pas dû freiner si brutalement, s'obstina Edgar. C'est pour ça que son Oliver Twist a perdu l'équilibre. Et tous les autres chars derrière lui ont été obligés de s'arrêter pile aussi, si bien que tous les décors ont fait la culbute. S'il s'était arrêté plus doucement...

– Moi, trancha tante Gertie, je dis que c'est tant mieux que cet Oliver Twist se soit cassé le nez. Il était beaucoup trop rouge de toute manière.

Albert Hollins serra les dents et ne dit rien. Il connaissait sa sœur. Elle avait toujours pris plaisir à le faire enrager. En quarante ans, elle n'avait pas changé.

Il se tourna vers son fils.

– Edgar, dit-il, je crois qu'il est grand temps que tu ailles te coucher.

– Oui, Papa, dit Edgar, docile.

Il se leva, souhaita bonne nuit aux grandes personnes et gagna sa chambre en silence. Là, il s'assit sur son lit et réfléchit, le menton dans la main.

« La bête n'a pas été revue malgré la battue effectuée », avait dit le présentateur. Où pouvait être Nat à cette heure ?

Edgar avait sa petite idée. Si l'animal avait disparu sans laisser de trace, sans doute était-ce, tout simplement, qu'il avait regagné le bois.

Oui, mais demain ? s'inquiétait Edgar. A l'aube, les recherches reprendraient. Avec le concours de la police et de l'armée. Si Nat était capturé, il était certain de finir ses jours derrière les barreaux d'une cage. Et c'était une perspective qu'Edgar refusait d'accepter. Non. Il fallait sauver son ami. Et lui seul pouvait le faire. Lui, Edgar.

Il attendit longtemps, assis sur le rebord de son lit. Et lorsque enfin la maison, après les bruits de plomberie d'usage, fut redevenue parfaitement silencieuse, il descendit à pas de loup et se coula dans la nuit.

Albert Hollins s'attaquait à ses œufs au bacon du dimanche lorsqu'on frappa à la porte. Exaspéré, il alla ouvrir, prêt à rappeler à l'importun que le repos dominical est un droit sacré du citoyen.

Un brigadier de gendarmerie se tenait sur le pas de la porte, encadré de deux de ses hommes en uniforme.

– Bonjour, monsieur, dit le capitaine, fort courtois. Ce jardin est bien le vôtre ?

Du bras, il désignait la pelouse, les carrés de choux et de petits pois, la cabane à outils et le vieux pommier contre la clôture, à la lisière du bois.

– Jusqu'à preuve du contraire, oui, répondit Albert Hollins, agacé. Il semblerait que mon habitation soit située dessus, non ?

Le brigadier prit une longue aspiration.

– L'heure n'est pas à la plaisanterie, monsieur Hollins – vous êtes bien monsieur Hollins, n'est-ce pas ?

Albert Hollins acquiesça.

– Il s'agit d'une affaire très sérieuse, monsieur, reprit l'autre. Mes hommes et moi-même venons de procéder à l'inspection du petit bois qui jouxte le fond de votre jardin. Etiez-vous informé, monsieur Hollins, de la présence illégale, ces derniers temps, d'un dinosaure sur le terrain susnommé ?

Albert Hollins cligna des yeux.

– Un di... Je n'en avais pas la moindre idée.

– N'auriez-vous pas un fils du nom d'Edgar Hollins ?

– Si. C'est exact. Edgar Henry Alister Hollins.

– Et pourriez-vous nous dire où il se trouve ?

– Comment ça... à l'instant ?

– A l'instant même.

– Bien sûr : il est dans son lit. Il n'est pas encore levé. Vous savez, on est dimanche et...

Le capitaine eut un petit sourire ; le sourire de celui qui sait ce que son interlocuteur ne sait pas.

– Auriez-vous l'amabilité, cher monsieur Hollins, d'aller vérifier sur-le-champ la justesse de cette affirmation ?

Quelque chose dans le ton de son visiteur dissuada Albert Hollins de discuter cette invitation.

– J'y vais, dit-il.

Et il s'élança vers l'étage.

Trente secondes plus tard, il était de retour à la porte d'entrée.

– Il n'est pas dans sa chambre, souffla-t-il, atterré.

– Non, dit le brigadier. Nous le savions déjà. Nous avons reçu un message radio à son sujet, depuis le commissariat principal.

– A son sujet ? Mais où est-il donc ?

Le brigadier prit son temps pour répondre.

– Votre fils, monsieur Hollins, dit-il enfin d'une voix lente, chemine à l'heure qu'il est sur l'autoroute M20 en direction de la mer, à dos de dinosaure.

Albert Hollins roula des yeux blancs.

– Bonté divine ! Sur l'autoroute ? Mais il va provoquer des bouchons sur au moins dix kilomètres de long !

Cramponné au cou rugueux de son cher anatosaure, Edgar chevauchait le long de la M20. Il avait soin de maintenir sa monture sur la voie de gauche, celle des véhicules lents, mais la taille de l'animal et sa démarche chaloupée faisaient qu'hélas il bloquait les deux voies à la fois. Avec cette queue qui balayait toute la largeur de l'autoroute, il était impensable de le doubler – et les automobilistes, à vrai dire, étaient trop ébahis pour y songer seulement.

Edgar n'osait plus regarder en arrière. Le dernier coup d'œil qu'il avait jeté par-dessus son épaule avait imprimé en lui une vision d'épouvante : des kilomètres et des kilomètres de véhicules s'alignaient derrière

lui aussi loin que le regard pouvait porter. Ceux qui avaient vue sur l'étrange équipage se contentaient de rouler au pas (de dinosaure) à distance prudente, sans jamais emballer leur moteur, mais ceux qui ne voyaient pas de quoi il retournait, et qui savaient seulement qu'ils perdaient leur dimanche dans un embouteillage monstre, ceux-là klaxonnaient sans trêve et faisaient rager leur moteur à grands

coups d'accélérateur, le levier de vitesses au point mort.

En fait, cet embouteillage n'avait pas que des inconvénients. C'était lui, Edgar s'en doutait, qui empêchait les autorités de venir les arrêter tous deux, son anatosaure et lui. Et chaque minute gagnée était une chance de plus d'atteindre la liberté – la mer.

Cette fois, c'était Nat qui avait pris l'initiative.

Lorsque Edgar l'avait rejoint dans le petit bois, au clair de lune, la veille au soir, il avait d'abord passé une bonne heure à rassurer l'animal en lui murmurant des mots doux et en lui caressant les écailles. Puis, prenant une décision, il avait emmené la bête hors du bois. Il fallait trouver une autre cachette.

Au début, l'anatosaure l'avait suivi comme un mouton.

Mais lorsqu'ils avaient atteint l'autoroute, l'animal avait paru prendre ses responsabilités. Humant le vent, observant la lune, il s'était tout à coup tourné résolument vers l'est, et s'était mis en marche d'un pas sûr. C'était alors qu'Edgar avait pris place sur son dos. L'animal se dirigeait vers la mer, c'était clair. Et pourquoi pas ? Après tout, c'était de là qu'il était venu.

Longtemps ils avaient cheminé dans la nuit tranquille. Tout s'était gâté avec l'aube, et l'apparition derrière eux des premiers amateurs d'un dimanche à la mer.

Soudain, l'anatosaure tendit le cou vers le ciel. Edgar leva les yeux. Là, deux hélicoptères de la police de Sa Gracieuse Majesté venaient d'apparaître. Le vacarme de leurs moteurs était pratiquement noyé dans la rumeur de l'autoroute, mais il devenait de plus en plus net à mesure qu'ils approchaient.

Du coin de l'œil, Edgar vit une silhouette en uniforme se pencher à la porte d'un hélicoptère, un mégaphone à la main.

– Edgar Hollins ! Edgar Hollins, m'entends-tu ? Veux-tu bien immédiatement ranger ta bête sur la bande d'arrêt d'urgence ! L'accès de cette autoroute est rigoureusement interdit à tout ce qui n'est pas véhicule motorisé !

Edgar serra plus fort encore le cou

de sa monture. La mer ne pouvait plus être très loin...

– Pauvre Cyril ! se lamentait tante Gertie. Que va-t-il penser quand je lui raconterai cette histoire ? C'est toute la famille que ce scandale éclabousse.
– Pauvre Edgar, oui, je dirais plutôt ! s'indigna Euphemia. Emporté par un monstre, Dieu sait où – et la police n'arrive même pas à intervenir !
Dans le petit salon du pavillon, les Hollins et les Gatsby vivaient l'événement au rythme des bulletins d'informations radiophoniques et télévisés.
– Pauvre Edgar, pauvre Edgar ! protestait tante Gertie. Il l'a un peu cherché, non ? Ce n'est pas mon Cyril qui ferait des choses pareilles. Même à onze ans, jamais il n'aurait bloqué une autoroute en s'y promenant à dos de dinosaure ! Si Edgar avait suivi l'exemple de son grand cousin, il ne serait pas dans le pétrin où il est maintenant !
– Si vous faisiez silence, un peu ? coupa Albert Hollins, l'oreille collée à son transistor. Ils annoncent du nouveau pour bientôt.

– Faire silence ? s'étrangla sa sœur. C'est à moi que tu dis de faire silence ? J'ai le droit de dire ce que je pense, non ? Ce n'est pas comme si je n'étais pas concernée ! Ce garnement, je suis sa tante. Avec tout le battage que les journaux vont faire autour de cette histoire, je m'inquiète pour la carrière de Cyril, aussi, si jamais l'affaire s'ébruite jusqu'au Canada.
– Je t'ai dit de te taire et je le répète ! coupa Albert en se retenant de taper du pied comme il le faisait quarante ans plus tôt. Je suis chez moi, ici. Et je ne crois pas que l'honorabilité de ton Cyril soit menacée par cette affaire. Qu'est-ce que c'est qu'un embouteillage, au fond ? En provoquer un n'a jamais été un crime digne de la pendaison. En revanche, Edgar a fait éclore un œuf de dinosaure. Ce n'est pas rien, c'est même une belle réussite scientifique, et tout le monde ne peut pas en dire autant. Si ce n'est pas plus fort que d'abattre des arbres, je veux bien manger un œuf de plâtre !
– Je ne suis pas venue ici pour me

faire insulter ! siffla tante Gertie. Je ne resterai pas une minute de plus.

– Parfait, répondit son frère. Car de toute manière je ne reste pas non plus. Je prends la voiture, et j'essaie de rejoindre ce garçon et sa bête. J'ai mon idée sur leur destination, et je connais des petites routes peu fréquentées pour aller là-bas sans me faire coincer sur la M20.

– Bonne idée ! s'écria Euphemia. Je viens avec toi.

– J'y compte bien, dit Albert. Tu ne sais pas ? Tu devrais préparer quelques sandwichs, vite fait. J'ai l'impression que nous en aurons pour un certain temps – et il y a longtemps que tu ne nous as pas régalés d'un pique-nique.

– J'ai des tartes au flan, justement, dit Euphemia. Je prépare le panier, j'en ai pour deux minutes.

Euphemia fila à la cuisine, et cette peste de tante Gertie dans sa chambre pour y faire sa valise et celle de son mari.

La marée était basse. Des vaguelettes nonchalantes léchaient le sable fin tout au bas de la crique. L'après-midi tirait à sa fin. Côte à côte, un peu fatigués, Edgar et sa bête descendaient vers l'eau et leurs ombres s'étiraient devant eux, longues et biscornues sur le sable mouillé.

Ils étaient arrivés. Enfin. Mais ils n'étaient pas seuls. Cette fois, c'était tout un essaim d'hélicoptères qui tournoyait au-dessus d'eux, comme autant de frelons furieux. Sur la falaise, des chars d'assaut venaient de s'aligner – pas moins de cinq, flanqués d'une douzaine de voitures de police, de trois ou quatre Jeep et d'un véhicule antichar équipé d'un lance-roquettes.

Sur la falaise d'en face, de l'autre côté de la crique, c'était une équipe de télévision qui mettait en place son matériel. Edgar crut reconnaître l'un des hommes, celui qui agitait les bras comme un moulin à vent : apparemment, c'était M. Derwent-Smith. Mais Edgar était trop loin pour en être tout à fait certain. A ses côtés se tenait une silhouette maigre et un peu voûtée, dont la tête évoquait un pissenlit en graine.

– Le professeur Corrigan ! jubila Edgar. Nat, tu entends ? Peut-être qu'il croit encore que tu es en plastique ? Ou en baudruche, qui sait ?

Mais sa joie fut de courte durée. L'affaire ne se présentait pas si bien, tout compte fait.

– Oui, mais maintenant, vieux frère, qu'allons-nous faire, à ton avis ? Toutes les issues sont bloquées !

Le jeune anatosaure ne semblait guère s'en soucier. Il s'était trouvé un petit tas de varech et s'en délectait sans vergogne.

– Edgar Hollins ! Edgar Hollins, m'entends-tu ?

Au sommet de la falaise, un homme muni d'un mégaphone s'égosillait. A en juger par les galons qui étincelaient sur ses épaules et ses manchettes, c'était quelqu'un de haut placé, peut-être même un général.

Edgar mit sa main en visière pour observer l'inconnu mais ne répondit pas.

– Edgar Hollins ! Ecoute-moi bien, et fais très exactement ce que je te dis de faire ! Pas de gestes brusques, mais éloigne-toi de cette bête tout doucement et viens vers nous. Surtout, n'alerte pas le monstre. Si tu agis calmement, il ne t'attaquera pas !

« M'attaquer ! songea Edgar en riant sous cape. Mon pauvre Nat. »

Et, au lieu de s'éloigner, il s'approcha de l'animal et le gratifia d'une bonne tape.

– Qu'as-tu attaqué d'autre, dans ta vie, que des laitues et des feuilles de chêne ? dit-il à son anatosaure.

Mais le préfet de police, car c'en était un, commençait à perdre patience. L'après-midi s'avançait. Il allait falloir agir. Le soir même, justement, on donnait un grand dîner à la préfecture de police. Le préfet aurait tout juste le temps de rentrer, de prendre sa douche et de se changer s'il ne voulait pas manquer le cocktail et les canapés. Les minutes étaient comptées.

– Edgar Hollins ! M'entends-tu ?

– Je ne pense pas qu'il vous entende, monsieur, dit un général d'armée à ses côtés. Je crois que le mieux serait de lui larguer une échelle depuis l'un de nos hélicoptères.

– Allez-y, se résigna le préfet de police.

Les canapés au caviar, surtout, risquaient de disparaître en premier. Dans les buffets, c'était toujours la même chose. Les invités étaient si goinfres qu'ils n'attendaient même pas la venue des hôtes de marque.

Alors, l'un des hélicoptères s'approcha d'Edgar et de son monstre, sa porte coulissa, et une échelle de corde en nylon en descendit, serpentiforme.

L'anatosaure leva le nez de son tas de varech. Des algues lui pendaient au bec. Il regarda, intéressé, la chose qui frétillait là, puis, la prenant pour une liane peut-être, il ouvrit la mâchoire et la referma dessus.

Le pilote de l'appareil, sans se départir de son sang-froid, emballa son moteur aussitôt pour reprendre de l'altitude.

Mais le jeu plut au dinosaure. Il tint bon et tira plus fort, tel un chaton avec un brin de laine.

Sur la falaise, le général écumait.

– Mon hélicoptère ! La sale bête !

Sur la plage, un peu inquiet, Edgar raisonnait l'animal.

– Lâche, Nat. Lâche ça tout de suite. Tu vas nous attirer des ennuis. Allez, sois gentil, lâche !

Mais l'anatosaure s'amusait trop pour entendre son petit maître. Il tiraillait sur cette échelle de corde avec toute sa force de créature préhistorique.

Sur la falaise, le préfet de police consulta sa montre. Ce n'étaient pas seulement les canapés qu'il allait manquer, mais le velouté de tortue et la sole à l'anglaise ! Non, c'était inadmissible.

– Tout cela ne nous mène à rien, gronda-t-il.

Le général était plus furieux encore.

– Il ne reste qu'une solution. Faire comprendre à cette bête de quel bois nous nous chauffons.

Il se tourna vers le véhicule à lance-roquettes et leva le bras, solennel.

Le commandant ne se le fit pas dire deux fois. C'était un as de l'artillerie, un véritable virtuose, mais en ces temps de paix il n'avait que rarement l'occasion d'exercer ses talents. Dans son enthousiasme, il fit tirer toute une salve de roquettes.

– Ssssss hhhhh ouououou iiiiiiii ouou ooooooooo OOOOOOO SSS HHHH !

Cinq roquettes fusèrent à la fois en direction de la plage, et passèrent au ras des ouïes de l'anatosaure médusé.

C'était encore dix fois plus sonore que le vacarme des bombardiers qui avait tant affolé l'animal, la veille.

Il lâcha l'échelle de corde, se dressa sur ses pattes de derrière et, l'espace

d'une seconde, resta figé de terreur. Puis, étirant son cou rêche, il lança vers le ciel son brame déchirant.

Après quoi, obéissant à Dieu sait quel obscur instinct préhistorique, il s'élança vers l'eau sur ses grosses pattes noueuses et se jeta dans les vagues.

Saisi, Edgar ne réagit qu'au bout de quelques secondes.

– Non, Nat ! Oh, Nat ! Reviens ! hurlait-il, au désespoir, en s'élançant à la poursuite de l'animal.

Mais le dinosaure était loin. Déjà sa

tête plate qui dansait là-bas, sur les vagues, n'était pas plus grosse qu'une tête d'épingle.

Puis elle disparut tout à fait, comme happée par la houle.

13

De l'épisode suivant, Edgar ne conserverait qu'un souvenir confus. Il avait vu, à travers ses larmes, tous ces messieurs décorés s'adresser à lui d'un air grave, mais il n'avait rien entendu de leurs discours tant il avait le cœur serré. Il avait vu l'œil de cyclope d'une caméra de télévision se braquer sur lui, mais il avait eu la gorge trop nouée pour répondre à la moindre question. Et à présent ils s'en allaient tous – les véhicules blindés, les voitures de police, les camions de la télé. Ils s'en allaient tous et c'était tant mieux. Oh ! se retrouver seul, tout seul avec son chagrin !

Mais Edgar n'était pas seul sur la plage.

Derrière lui, une grande silhouette dégingandée s'approchait timidement, celle d'un vieil homme au crâne hérissé de cheveux gris, pareil à un pissenlit en graine.

– Edgar, chevrota le vieil homme.

Edgar ne répondit pas. Il était trop occupé à ravaler ses larmes.

– Edgar, reprit le vieil homme après un long silence. C'était un anatosaurus, n'est-ce pas ?

– Oui, c'en était un, lâcha Edgar d'un ton rageur. Et il était sorti de cet œuf dont vous aviez dit que ce n'était pas un œuf.

– Je sais, dit le professeur. Je suis désolé. Je te présente toutes mes excuses.

– Et maintenant il est parti, et il ne reviendra plus.

– Peut-être que si, dit le professeur.

– Non, renifla Edgar. Il est parti vers le large et maintenant il va se noyer.

– Se noyer ? Il ne risque guère. L'anatosaure était un excellent nageur, tu sais. Il était au moins autant à son aise dans l'eau que sur la terre ferme. Non, il ne va pas se noyer. Et rien ne dit qu'il ne finira pas par revenir.

Edgar fit l'effort de se tourner vers le professeur et le regarda droit dans les yeux.

– Revenir ? dit-il. Pour quoi faire ? Pour qu'on le bombarde de roquettes ?

Le professeur soupira.

– Ce n'est pas moi, Edgar. Je ne... Moi, je me suis trompé, c'est tout. Et je t'en demande pardon. Je suis désolé.

– Mais ça n'y change rien que vous soyez désolé, dit Edgar.

Il avait trop de chagrin pour faire preuve d'indulgence. Plus tard, peut-être ; mais pas maintenant.

Le professeur s'éloigna, tête basse. Et c'est alors qu'Edgar s'aperçut de la présence à ses côtés de deux formes familières.

– Edgar, dit son père, un peu gauche.

– Mon gros lapin, s'étrangla sa mère.

Albert Hollins s'éclaircit la voix.

– J'ai entendu ce que tu viens de dire à ce professeur Machin-Chose. Et je tiens à ce que tu saches que je t'approuve sur tous les points. Cela dit, il n'a peut-être pas tort. Rien ne prouve que cet animal ne reviendra pas.

– Vous ne me permettriez jamais de le garder, s'il revenait, bougonna Edgar d'un ton sombre.

– Qu'en sais-tu ? Pour le savoir, il faudrait d'abord demander.

– Tu ne voulais même pas que je le garde, pour commencer.

– Il aurait fallu savoir que tu l'avais, pour commencer.

– Tu ne voulais même pas que je garde l'œuf, s'entêta Edgar.
– Non, c'est vrai, reconnut son père, beau joueur. Mais avoue qu'il avait triste mine, aussi. Et puis... et puis, si c'était à refaire, je te permettrais de le garder. L'œuf d'abord, et la bestiole aussi. Dans le jardin, par exemple. Ou dans le petit bois. Je pense que nous pourrions l'acheter, ce petit bois. Il ne devrait pas coûter des cent et des mille. Je ne vois pas très bien quel usage on pourrait en faire, sauf à y loger des dinosaures.

Mais Edgar n'en pouvait plus. De grosses larmes roulaient sur ses joues.
– Tu dis ça maintenant ; c'est facile. Mais moi je sais qu'il ne reviendra plus. Jamais, jamais.
– Ecoute, dit son père. J'y réfléchissais, justement, pendant que tu discutais avec ce professeur Trucmachin. Et je me disais, ce dinosaure, là-bas, au large, il doit se sentir un peu seul. Je suis sûr qu'il serait prêt à revenir, s'il avait de bonnes raisons pour cela.

Edgar essuya ses larmes d'un revers de manche.

– Quelles bonnes raisons, par exemple ?

D'un geste circulaire, son père désigna la crique.

– Tu reconnais cet endroit, au moins ? Ton animal t'a ramené à l'endroit exact où nous avions pique-niqué, souviens-toi, le jour où tu as trouvé cet œuf.

– Et alors ? hésita Edgar.

– Et alors, je me pose une question. Et je te la pose aussi. Ces bestioles, quand ça pondait, ça ne pondait qu'un seul œuf ou plusieurs ?

– Plusieurs, apparemment. Sept ou huit, peut-être plus.

– En ce cas, à ton avis : si nous faisions des recherches ?

– Pour trouver d'autres œufs ? Toi et moi ?

Edgar n'en croyait pas ses oreilles.

– Et pourquoi pas ? dit son père. Suppose que nous en trouvions un, ou plusieurs. Suppose que nous les mettions à éclore derrière le chauffe-eau, dans le séchoir. Dès qu'ils commenceraient à grandir, nous pourrions les amener ici, le dimanche. Et l'autre, l'autre qui nage là-bas, tout seul, peut-être qu'il les flairerait de loin, peut-être qu'il... Parce qu'on doit se sentir bien seul, tu ne crois pas, quand on est à des milliers d'années de son époque ?

Edgar fit oui du menton, pensif.

– Autrement dit, reprit son père, je crois vraiment que si mon plan marchait, ton amitosaurus aurait vite fait de flairer ses semblables à distance, et qu'il aurait la meilleure raison du monde de revenir traîner ses grosses pattes palmées par ici.

Edgar réfléchit et poussa un soupir.

– Même si ça marchait, Papa, tu oublies une chose : les hélicoptères reviendraient aussi, et les chars d'assaut, et le lance-roquettes. Jamais ils ne nous laisseraient garder ces animaux en paix.

– J'aimerais voir ça, qu'on nous les enlève ! tempêta Albert comme s'il y était déjà. Ce que je fais dans mon jardin ne regarde que moi – dans mon jardin et dans mon petit bois ! Alors, Edgar, qu'en dis-tu ? Prêt pour la grande chasse au trésor ?

Edgar eut un pâle sourire – mais c'était un sourire tout de même.
– Tu veux dire là, maintenant ? Tout de suite ?
– Et pourquoi pas ? dit son père.
– Parce qu'il est tard, le soleil descend. Je croyais que tu n'aimais pas rentrer tard ?
– Quelle importance ? répondit son père.
– Mais il y aura des bouchons partout si nous ne rentrons pas tout de suite.
– Des bouchons ? Qui craint les bouchons ? De toute manière, aujourd'hui, il y en a eu toute la journée. (Albert se

retourna vers sa femme.) Et qu'en penses-tu, toi, Euphemia ? Tu aimerais mieux rentrer tout de suite ?

– Pas le moins du monde, répondit-elle. J'ai bien ce grand mots-croisés gagnant à terminer, mais j'ai jusqu'à jeudi minuit pour l'expédier. Non, non, cherchons plutôt des œufs de dinosaure. D'ailleurs...

– D'ailleurs ? demanda Edgar, comme sa mère tardait à achever sa phrase.

– D'ailleurs, à ce jeu-là, on peut gagner beaucoup plus GROS, ne croyez-vous pas ?

Castor Poche

Des livres pour toutes les envies de lire,
envie de rire, de frissonner, envie
de partir loin ou de se pelotonner dans un coin.

Des livres pour ceux qui dévorent.
Des livres pour ceux qui grignotent.
Des livres pour ceux qui croient ne pas aimer lire.
Des livres pour ouvrir l'appétit de lire et de grandir.

Castor Poche rassemble des textes du monde entier ; des récits qui parlent de vous mais aussi d'ailleurs, de pays lointains ou plus proches, de cultures différentes ; des romans, des récits, des témoignages, des documents écrits avec passion par des auteurs qui aiment la vie, qui défendent et respectent les différences. Des livres qui abordent les questions que vous vous posez.

Les auteurs, les illustrateurs, les traducteurs vous invitent à communiquer, à correspondre avec eux.

Castor Poche
Atelier du Père Castor
4, rue Casimir-Delavigne
75006 PARIS

Castor Poche

A chacun ses intérêts, à chacun ses lectures.

9 séries à découvrir :
Aventures
Contes et Fables
Connaissances
Fantastique et Science-fiction
Histoires d'Animaux
Humour
Le monde d'Autrefois
Mystère et Policier
Vivre Aujourd'hui

Castor Poche
Une collection qui s'adresse à tous les enfants
Benjamin : dès 3/4 ans
Cadet : dès 5/6 ans
Junior : dès 7/8 ans
Senior : dès 11/12 ans

Castor Poche, des livres pour toutes les envies de lire : envie de rire ? Voici une sélection de titres drôles.

8 **Les histoires de Rosalie** **Junior**

par Michel Vinaver

Quand elle était petite fille, en Russie, Rosalie n'était pas particulièrement ce que les adultes appellent une enfant sage ! Toujours avec les meilleures intentions du monde, elle réalise des actions d'éclat qui frisent parfois la catastrophe, mais se terminent souvent par le rire...

9 **Un certain monsieur L.** **Junior**

par Robert Newton Peck

À la rentrée, quelle déception pour les élèves ! Au lieu de la jolie Mlle K. tant attendue, c'est un certain M. L. qui les accueille. Drag et Finley décident de jouer des tours de leur invention à l'usurpateur ! Mais le nouvel instituteur s'en tirera toujours avec brio jusqu'au coup d'éclat final...

45 **L'année du mistouflon** **Junior**

par Anne-Marie Chapouton

Les chasseurs de Lourmarin ont capturé et conduit jusqu'à leur village un mistouflon : animal à six pattes, au poil bleu ciel et qui parle ! En l'accueillant chez eux, les Lourmarinois se trouvent confrontés à une série de situations imprévisibles qui bousculent leur vie tranquille.

57 **Le livre de Dorrie** **Junior**

par Marilyn Sachs

Si vous aviez onze ans, et des parents merveilleux dont vous seriez l'enfant unique, la naissance prochaine d'un petit frère ou d'une petite sœur ne vous enchanterait peut-être pas tellement. Que diriez-vous alors, si, comme Dorrie, vous voyiez arriver des triplés ?

103 Sept baisers sans respirer **Junior**
par Patricia MacLachlan

Emma, sept ans, et son frère Zachary sont gardés par leur oncle et leur tante. Mais dès le premier matin, Emma s'indigne. Aucun des deux ne pense à lui donner ses sept baisers rituels ni à lui préparer son pamplemousse en quartiers avec une cerise au milieu ! Emma estime donc qu'il est urgent de leur donner quelques leçons sur leur rôle de futurs parents...

121 Chilly Billy le petit bonhomme du frigo **Junior**
par Peter Mayle

Il n'est pas plus gros qu'une noisette et se cache pour ne pas être vu. Pourtant que ferions-nous sans lui ? Qui allume le frigo lorsqu'on ouvre la porte ? Chilly Billy, tout le monde le sait ! Mais à part ça, que savons-nous de sa vie, de son travail, de ses joies et de ses soucis quotidiens ?

126 Olga, Oh ! la la ! **Junior**
par Évelyne Reberg

Olga, dix ans, élève de CM1, est très attentive à l'opinion et aux bavardages de ses camarades de classe. Sa mère, Hongroise à la personnalité quelque peu exubérante, n'est pas sans lui poser des problèmes. Pourtant cela n'entrave en rien leur complicité, bien au contraire. Cinq récits pleins d'humour et de tendresse.

165 Un Père Noël pas comme les autres **Junior**
par Jacques Poustis

Quelque part dans l'océan Indien, se trouve une île minuscule, surnommée l'Île Merveilleuse. Les cinquante habitants vivent heureux dans ce paradis jusqu'à l'arrivée d'un jeune garçon qui y introduit une curieuse légende, venue d'Europe. C'est la révolution dans l'île. Le Père Noël existe-t-il ?

Humour

166 **Histoires horribles... et pas si méchantes !** **Junior**
par Christian Poslaniec

Où Eric peut-il bien trouver toutes ces histoires qu'il note dans son petit carnet à couverture rouge sang ? Chaque soir, Jacques, Éliane, sa compagne, Éric et Catherine, ses enfants, organisent un concours d'histoires, toutes plus horribles les unes que les autres. De quoi trembler et claquer des dents... mais « pour de rire ! »

197 **Le crocodile Génia et ses amis** **Junior**
par Édouard Ouspenski

Dans une grande ville anonyme, des enfants et des bêtes décident de se faire des amis. Génia le crocodile, Badaboum, un étrange jouet raté qui ne ressemble à aucun animal connu, et tous leurs amis de rencontre entreprennent de construire une Maison de l'Amitié, mais une vieille mégère et un terrible rhinocéros tentent de les en empêcher.

219 **Le dernier des vampires** **Junior**
par Willis Hall

La famille Hollins traverse la Manche pour la première fois. Quinze jours de vacances sur le continent, c'est l'aventure, surtout lorsqu'on ne sait pas lire une carte ! Un soir, Albert, Euphemia et leurs fils Edgar plantent leur tente au pied d'un château biscornu. D'une tourelle s'échappe une étrange musique. Des yeux luisent dans la nuit...

265 **Sauvons les dragons** **Junior**
par Willis Hall

Le vieux magicien enferme Edgar Hollins dans une armoire magique. Le numéro de disparition laisse le public bouche bée tandis que le jeune Edgar se réveille au temps du roi Arthur et des chevaliers de la Table ronde. Là, Merlin l'Enchanteur le charge d'une mission de la plus haute importance : sauver les derniers dragons.

345 **Les pires enfants de l'histoire du monde** **Junior**

par Barbara Robinson

Les enfants Herdman sont vraiment les pires enfants de l'histoire du monde. Ils volent, mentent et se battent. Les filles, comme les garçons, passent leur temps à faire les quatre cents coups. C'est pourquoi, le jour où ils se proposent pour interpréter les rôles de la crèche de Noël, tout le monde redoute le pire. Il est certain que cette veillée de Noël sera inoubliable !

359 **Une grand-mère au volant** **Junior**

par Dianne Bates

La grand-mère de Cadbury conduit un énorme véhicule de trente-six tonnes à dix vitesses. Le garçon est mort de honte. Mais une grand-mère camionneur cela a beaucoup d'avantages surtout lorsqu'elle vous balade dans toute la région, et qu'il vous arrive des tas d'aventures. Finalement, Cadbury est très fier de Grandma.

370 **Un si petit dinosaure** **Junior**

par Willis Hall

Edgar Hollins éprouve une vraie passion pour les animaux préhistoriques, alors comment ne garderait-il pas l'œuf de dinosaure qu'il trouve un jour, même si personne n'y croit, et que son père lui ordonne de le jeter ? Bravant l'interdit paternel, il va élever clandestinement le bébé dinosaure sorti de cet œuf...

395 **Un chat venu de l'espace** **Junior**

par Dyan Sheldon

Sara Jane rencontre un chat dans la rue, un chat qui parle ! Il dit venir d'une autre planète, il a perdu son vaisseau spatial et exige de s'installer chez Sara Jane ! Mais c'est impossible, sa mère est allergique aux chats, son frère a deux canards. Impossible ? Rien n'est impossible pour un chat extraterrestre...

420 Glace à la frite **Junior**

par Evelyne Stein-Fischer

À dix ans, Doris est ronde, beaucoup trop ronde. Oui mais elle adore les nounours en gomme et les frites ! Dès qu'un souci surgit, elle se rue sur ses stocks secrets de bonbons préférés... et, résultat, ne rentre plus dans son maillot de bain rose... or elle doit aller à la piscine avec l'école...

454 Tiny Mac Timid **Junior**

par Jean-Loup Craipeau

Tiny est le fantôme le plus timide de toute l'Écosse. Si timide qu'il en rosit ! Quel déshonneur pour la corporation des fantômes qui n'a jamais vu la vie en rose. Le voilà donc banni de la communauté et condamné à hanter la ruine du Bout du Monde, un château oublié de tous. De tous ? Pas vraiment puisque Mamie MacMoustache et sa petite-fille NanaMoutarde viennent s'y installer...

456 Monsieur Mitaine **Junior**

par Shirley Isherwwod

Monsieur Mitaine est vraiment un chat très particulier. Il parle, il danse et même parfois il chante. Il a toujours de « bonnes idées » et n'oublie jamais de les souffler à Jemima, sa jeune maîtresse. Mais toutes ses idées sont autant de bêtises aux yeux des adultes ! Et, quand vient l'heure de se faire gronder, Monsieur Mitaine s'éclipse, laissant Jemima se débrouiller seule...

491 Méchante maman ! **Junior**

par Lucio Angelini

Philippon aimerait tant que sa maman l'aime comme il le mérite ! Gros-Gris, l'éléphant, se métamorphose en éléphange. L'ogre des Sept-Cavernes enlève les enfants pour les rôtir le jour de son mariage. Claire perd ses mots jusqu'à en devenir muette... Quatre histoires attendrissantes, inattendues, drôles, qui mettent en scène des enfants comme les autres... ou presque.

Castor Poche, des livres pour toutes les envies de lire : pour ceux qui aiment les animaux passionnément, voici une sélection de titres dont les héros sont des animaux.

6 Une jument extraordinaire **Junior**
par Joyce Rockwood

Vers 1750, près des monts Appalaches, Écureuil, un garçon indien Cherokee est seul à croire que sa jument est extraordinaire. Il n'a pas douze ans. Pourtant Écureuil partira seul et en cachette pour aller récupérer sa jument volée chez les Indiens Creeks. Tiendra-t-il bon face à la faim, à la peur, face aux embûches qui le guettent ?

18 Le chant triste du coyote **Junior**
par Mel Ellis

Dans la forêt nord-américaine, Mark, quinze ans, traque les coyotes. Les primes qu'il reçoit lui permettent de rassembler la somme nécessaire à son entrée au collège.
Un jour, un de ses pièges disparaît. La bête qui s'est fait prendre l'a traîné pour rejoindre ses petits. Son courage modifie le comportement de Mark vis-à-vis des animaux. Arrivera-t-il à faire partager sa vision à son entourage ?

25 Rroû **Senior**
par Maurice Genevoix

Rroû, un chaton curieux, intrépide et fier, pousse chaque jour ses découvertes un peu plus loin : l'entrepôt où il est né, la cour, la rue, la maison d'en face, Clémence la voisine. Mais un matin, il rompt toutes les attaches et se sauve seul et libre, au seuil de l'hiver...

31 Mon bonheur s'appelle Jonas **Junior**
par Eliska Horelova

Dans une classe de 6e, près de Prague, un psychologue demande aux enfants une rédaction sur le bonheur. Radka, onze ans, avoue que son bonheur serait complet si elle pouvait avoir cinq chiens et dix chats... Bonheur sans avenir, car ses parents ne le partagent pas du tout. Comment Radka arrivera-t-elle à les faire changer d'avis ?

41 Charlie l'impossible **Junior**
par Barbara Morgenroth

Le rêve de Jackie, c'est de posséder un cheval bien à elle. Depuis deux ans, elle n'a monté que le vieux Moose, et les difficultés sont nombreuses. Le hasard, aidé par son père, offre à Jackie, Charlie, un magnifique alezan. « Avec lui, tout va devenir simple », pense Jackie. Mais elle va vite découvrir que Charlie a du caractère, beaucoup de caractère...

47 Stickeen, un chien de rien du tout **Junior**
par John Muir

Une histoire vraie. Durant l'été 1880, un petit chien énigmatique emboîte le pas d'un explorateur au matin d'une expédition sur la côte de l'Alaska. La joie, l'étonnement, la grande faim de vivre sont au rendez-vous de cette aventure inoubliable.

58 Tchourk mon chien **Junior**
par Günther Feustel

Au cours d'une chasse à la perdrix, Matis, un jeune Lapon, rencontre des chiens luttant contre un glouton. L'un des chiens l'impressionne par son courage. Matis le ramène chez lui, à moitié mort. Le chien se remet et se fait respecter par sa violence. Entre Matis et Tchourk s'établit une complicité. Mais bientôt un doute terrible envahit le cœur de Matis. Tchourk est-il responsable de la mort des bébés rennes que l'on retrouve égorgés ?

60 Une chatte dans l'île **Junior**
par John W. Chambers

John et Margot sont désespérés. C'est leur dernière journée dans l'île du Feu, et Fritzi, leur chatte siamoise, reste introuvable. Il leur faut l'abandonner. Fritzi se retrouve seule sur l'île désertée. Elle découvre la faim, le froid, la peur. C'est une rude épreuve pour une chatte qui a toujours vécu une existence insouciante et choyée. Se nourrir, se protéger deviennent ses seuls buts.

68 Canilou **Junior**

par Eric Munsterhjelm

Canilou, né du croisement d'un loup solitaire et d'une chienne esquimaude, doit se débrouiller seul, malgré son jeune âge. Sa vie dans le Grand Nord canadien est remplie de découvertes fascinantes mais aussi de déboires et de déceptions. Partagé entre son instinct sauvage de loup et son instinct de chien, Canilou lutte désespérément pour gagner l'amitié des humains.

81 Mes amis les loups **Senior**

par Farley Mowat

F. Mowat se voit confier la mission d'étudier la vie des loups dans le Grand Nord canadien. Captivé par leur comportement et convaincu de leur intelligence et de leur sociabilité, F. Mowat se prend d'une véritable passion pour eux. George, Angélina et Albert, c'est ainsi qu'il les surnomme, deviennent pour lui plus que de simples sujets d'études.

97 Ma renarde de minuit **Junior**

par Betsy Byars

Tom, dix ans, n'a aucune envie de passer ses vacances dans la ferme de son oncle. Pourtant, une renarde noire, fascinante, va traverser un jour cet été où il ne se passe rien. L'attirance de Tom pour cette créature libre transforme alors ces quelques semaines en un grand jeu palpitant. Mais c'est un jeu plein de risques qui pourrait bien se terminer mal...

110 Moi, Benjamin superchien **Junior**

par Judith Whitelock McInerney

Benjamin, le saint-bernard de la famille O'Riley, a une vie plutôt mouvementée. Il nous raconte avec humour : « N'allez pas me dire que je suis un chien de sauvetage sans emploi ! Dans une famille de trois enfants, croyez-moi, ce ne sont pas les occasions d'héroïsme qui manquent ! Surtout quand une tornade, une vraie, dévaste la ville... »

117 Moi un lemming **Junior.**
par Alan Arkin

Bubber, le jeune lemming, se réveille tout joyeux. Un événement important pour la colonie des petits rongeurs doit avoir lieu aujourd'hui : le grand départ vers la mer. Mais le comportement aveugle et impatient de la colonie inquiète de plus en plus Bubber. Pourra-t-il s'opposer à l'élan irraisonné qui entraîne tous les siens ?

129 Des chevaux tête haute **Junior**
par Barbara Morgenroth

Corey et son père sont aussi passionnés d'équitation l'un que l'autre. Mais ils ne vivent pas cet amour du cheval de la même façon. Éprouvée par les échecs successifs de son père, Corey décide de se hisser au niveau de la haute compétition. Mais pourra-t-elle dépasser ses limites ?

149 Deux chouettes à la maison **Junior**
par Molly Burkett

Dans leur refuge pour animaux, la famille Burkett a recueilli deux chouettes. Boz et Huly, trop confiantes et trop farceuses pour être relâchées, élisent domicile dans le salon. Les Burkett se retrouvent, malgré eux, avec un couple de chouettes apprivoisées. Plus un instant de morosité dans la maison !

152 On l'appelait Tempête **Junior**
par Colin Thiele

Un jour, en bordure de la lagune, Tempête, jeune Australien de dix ans, découvre trois bébés pélicans dont la mère a été abattue. Il les recueille et se prend d'affection pour le plus faible qu'il baptise Monsieur Perceval.
L'enfant et l'oiseau deviennent inséparables...

Histoires d'animaux

156 La louve et le gitan **Junior**

par Gunther Feustel

Antonin en a assez. Tous les jours, lorsqu'il descend à l'école du village, Jiri et sa bande ne manquent pas une occasion de le provoquer et de le traiter de « sale gitan ». Antonin préfère rester auprès de son grand-père, le berger du village, ou se promener en solitaire dans la montagne. Un jour, il découvre une jeune louve à demi morte de faim qui va bouleverser sa vie...

195 Le vétérinaire apprivoisé **Junior**

par Arlette Muchard

« Moi, Marcel, petit chat seul au monde et affamé, je suis entré dans la maison d'Émilie et de Martine, sa maman, bien décidé à me faire aimer de ces deux humaines aux yeux tendres. Las ! un jour, un grand vétérinaire tenta d'envahir la maison, et ce fut la fin de notre tranquillité... »

211 Janus, le chat des bois **Junior**

par Anne-Marie Chapouton

Depuis qu'il a été chassé de chez les hommes, Janus le chat vit dans les bois. Il mène une existence solitaire car les autres animaux sauvages ne veulent pas le reconnaître comme l'un des leurs et le rejettent. Seul Cloche, un écureuil déluré, lui offre son amitié. Ensemble le chat et l'écureuil vont avoir à surmonter de nombreux obstacles. Janus aura bientôt l'occasion de lui prouver sa fidélité...

226 Chien perdu **Junior**

par Marilyn Sachs

Je ne me souviens plus de mon oncle ni de ma tante. Bien qu'ils m'aient accueillie gentiment, je ne me sentais pas chez moi dans leur appartement tout blanc. L'ennui, c'est que je n'avais nulle part où aller. J'étais orpheline, et personne d'autre ne voulait de moi. Et quand j'ai retrouvé Gus, le chien de quand-j'étais-petite, les choses se sont encore compliquées...

230 Un poney pour l'été **Junior**
par Jean Slaughter Doty

Ginny est prête à pleurer. Elle qui a toujours rêvé d'avoir un poney, voilà que le seul qu'elle peut louer pour l'été est une drôle de petite jument, à moitié morte de faim. Mais à force de soins et d'affection, le poney prospère et tranforme des vacances qui s'annonçaient décevante, en un merveilleux été.

247 Une chouette, ça vole ! **Junior**
par Molly Burkett

Une petite chouette dans une cage qui n'a même pas de porte... Émue, la famille Burkett l'achète dans l'intention de la relâcher. Mais Tchivett n'a pas plus de vie qu'une plante en pot. Jusqu'au jour où une femelle chevêche soignée chez les Burkett se prend d'intérêt pour lui, le force à bouger, lui apprend à voler. Et peu à peu, Tchivett reprend goût à la vie...

248 Vif-Argent **Junior**
par Josep Vallverdu

Vif-Argent, le jeune chiot, s'est échappé de la voiture de ses maîtres. Après une nuit à la belle étoile, il est recueilli par Louison qui l'emmène vivre avec lui à la ferme. Jour après jour, le chiot fait son apprentissage de la vie. Mais il lui reste de dures épreuves à affronter...

250 Une vie de chien **Junior**
par Marie-Noëlle Blin-Blunden

Pour ses onze ans, Jérémie n'arrive pas à convaincre ses parents de lui offrir un chien. Son désir devient si grand qu'il vole un chiot au voisin et l'élève en cachette dans une cabane nichée dans un arbre. Se met alors en route un engrenage de mensonges, d'accidents et de catastrophes, mais l'humour ne perd pas ses droits.

263 Ratafia **Junior**
par Alain Coudert
Fuyant la misère et le froid, le rat Ratafia embarque sur un navire en partance pour les îles des Caravelles. Mais au terme d'une traversée mouvementée, Ratafia et ses compagnons doivent affronter bien des difficultés avant de pouvoir installer leur petite colonie. La nature et les hommes se montrent hostiles et souvent imprévisibles...

268 Un éléphant pour Mouthou **Junior**
par Carolyn Sloan
Dans le sud de l'Inde, Mouthou rêve de devenir conducteur d'éléphants comme son père. Un jour, il apprend une terrible nouvelle : le gouvernement n'autorise plus la capture d'éléphants sauvages pour les domestiquer. Alors, lorsque Mouthou découvre dans la forêt une éléphante blessée et son petit, il décide de s'occuper d'eux, en cachette...

274 Le retour de Biscotte Mulotte **Junior**
par Anne-Marie Chapouton
Après quelques mois passés en Tunisie, la famille Mulotte décide de regagner son village de Provence. Mais tout commence bien mal : Maman Mulotte disparaît... Biscotte et sa cousine Tartine n'hésitent pas à demander de l'aide aux rats d'égout qui ont pourtant bien mauvaise réputation...

279 Le fennec et le Paris-Daker **Junior**
par Jean-Pierre Espéret
Laklak la cigogne revient du Sud avec une triste nouvelle. Srir le fennec a été kidnappé et vendu à des étrangers du rallye Paris-Dakar, Taleb le renard n'hésite pas un instant : il lui faut sauver son cousin. Il entraîne Dib le chacal dans une aventure où ce dernier fera souvent les frais des idées saugrenues de son compère. Jusqu'où l'amitié les mènera-t-elle ?

294 **Le libre galop des pottoks** **Junior**

par Résie Pouyanne

Pampili rêve de voir les pottoks, ces mystérieux chevaux sauvages qu'il entend galoper dans la nuit. Un jour, avec son copain Manech, Pampili sauvera une jeune pouliche tombée dans une ravine. Et c'est le début d'une grande amitié entre le garçon et l'animal.

306 **Un cheval de prix** **Junior**

par Mireille Mirej

Nathalie, onze ans, est passionnée de chevaux. Pourtant, elle n'a jamais eu l'occasion de monter à cheval. Un télégramme fait basculer son univers : on lui offre un cheval. Comment héberger un tel animal quand on habite une cité de la banlieue parisienne ? La partie n'est pas facile...

308 **Julie, mon amie gorille** **Junior**

par Francine Gillet-Edom

Hier, encore, Aubrée était à Bruxelles et la voilà pour un mois au Zaïre. Lors d'une promenade à cheval avec son cousin, elle découvre un bébé gorille blotti auprès de sa mère morte. Mais Julie, comme l'a prénommée Aubrée, suscite la convoitise des trafiquants. Pourra-t-on la ramener dans le sanctuaire des derniers gorilles des montagnes ?

319 **Blaireaux, grives et compagnie** **Junior**

par Molly Burkett

Chez la famille Burkett, les animaux ne font que passer, le temps de se refaire une santé avant de retrouver la liberté. Mais que le séjour soit bref ou long, de la couleuvre au hérisson, chacun fait preuve d'imagination !

339 Des ombres sur l'étang **Junior**

par Alison Cragin Herzig

Jill et Marion se retrouvent chaque été dans le Vermont. Leur domaine secret se cache au milieu d'un étang formé par un barrage de castors. Cet été-là, les castors sont menacés par un trappeur. Les deux amies décident de protéger leur territoire.

358 Père loup **Junior**

par Michel Grimaud

Pour sauver Olaf, un loup qu'il a élevé et que le directeur du cirque veut abattre, le clown Antoine ouvre la cage en pleine nuit. L'homme et la bête s'enfoncent au plus profond des bois. Furieux, le patron du cirque prévient les gendarmes, et bientôt tout le pays croit qu'une bête féroce menace la région.

365 Un chien tombé du ciel **Junior**

par Ivy Baker

Ben se retrouve seul pour traire les vaches, entretenir la laiterie... lorsque son père est conduit de toute urgence à l'hôpital. Isolé, inquiet, Ben reçoit comme un don du ciel un chien blessé, tombé du camion qui le transportait. Mais Charcoal n'est pas n'importe quel chien...

367 Le cheval blanc **Senior**

par Karin Lorentzen

Silje reçoit pour son anniversaire le cadeau de ses rêves, une jument blanche. Elle va devoir dresser Zirba pour atteindre son but : gagner des compétitions. Elle apprendra la rudesse de l'équitation et la sévère concurrence qui existe au sein de ce sport de haute compétition.

404 Un amour de cheval **Junior**
par Nancy Springer

Erin, douze ans, n'aime que les chevaux. Elle fait la connaissance de tante Lexie, qui possède un haras. Celle-ci se prend d'affection pour Erin et lui apprend même à monter. La jeune fille n'a plus qu'un rêve : avoir un cheval bien à elle. Ses parents lui offrent une jument blanche.

415 La longue marche de Cooky **Junior**
par Mary Small

Cooky, dont les maîtres viennent de déménager, s'enfuit de la voiture, et rentre directement à la maison. Oui mais la maison qu'il connaît est très très loin maintenant. Des mois durant, Cooky traversera une région désolée d'Australie, peuplée de dingos agressifs et sauvages ; mais aussi, heureusement pour lui, d'amis qui l'aideront... De son côté, Sam, son maître, ne désespère jamais de revoir son chien.

421 Le mouton noir et le loup blanc **Junior**
par Bernard Clavel

Trois histoires amusantes mettent en scène des animaux qui ont des préoccupations bien humaines. Dans *Au cochon qui danse,* un cochon veut devenir célèbre. Dans *L'oie qui avait perdu le Nord,* Sidonie tente d'entraîner les oiseaux dans son sillage. *Le mouton noir et le loup blanc* raconte l'amitié d'un loup et d'un mouton ligués contre les hommes.

434 Le livre de la jungle **Junior**
par Rudyard Kipling

Mowgli, l'enfant loup, Baloo, l'ours débonnaire, Bagheera, la panthère noire, peuplent la jungle de Kipling. Mais dans *Le Livre de la jungle,* nous découvrons aussi Kotick, le phoque blanc, qui veut soustraire ses frères au massacre de l'homme ; Rikki-tikki-tavi, la mangouste qui tue les cobras pour sauver son maître...

446 **Sauvez Willy** **Junior**
par Jordan Horowitz

Jesse se fait prendre pour avoir tagué un bassin du parc de loisirs. L'éducateur lui impose une peine de substitution, il devra effacer les traces des dégâts. Dans le bassin, une orque supporte mal la captivité. Et le directeur du parc veut se débarrasser d'elle. Mais Jesse aime Willy, il veut sauvez Willy !

464 **C'est mon chien** **Junior**
par Phillis Reynolds Naylor

Alors qu'il se promène, Marty est suivi par un chien. Lui qui a toujours rêvé d'en avoir un espère bien convaincre ses parents de le garder. Mais le chien, lui explique son père, appartient à Judd Travers, homme ombrageux qui n'est pas tendre avec les animaux. Marty se persuade que son affection est plus forte que la loi, et que Shiloh, son nouvel ami, doit rester avec lui...

467 **Le second livre de la jungle** **Junior**
par Rudyard Kipling

Mowgli a retrouvé le peuple de la jungle. Sa victoire sur le tigre Shere Khan, l'ennemi de ses frères les loups, l'a fait reconnaître comme le chef incontesté du clan. Pourtant, malgré la présence de la panthère Bagheera, du serpent Kaa, de l'ours Baloo, ses amis de toujours, Mowgli se sent seul. La compagnie des hommes lui manque...

492 **Mélisande, journal intime** **Junior**
par Christiane Holler

Elle s'appelle Mélisande. C'est une jument, elle coule des jours tranquilles et insouciants, jusqu'au jour où sa jeune maîtresse décide de la faire maigrir... Le calvaire commence ! Finies les gâteries qui illuminent l'existence. La vie à l'écurie est pleine de menus événements que nous raconte Mélisande avec verve...

Castor Poche, des livres pour toutes les envies de lire : pour ceux qui aiment les contes et les fables, voici une sélection de contes et fables du monde entier.

32 **Le conteur de Marrakech** **Junior**
par Tony Barton
Sur la grande place de Marrakech, est assis le conteur. Pour quelques piécettes, il raconte des histoires où se mêlent la magie et le merveilleux, la sagesse et l'humour. Elles sont peuplées de djinns et de goules, et imprégnées de la saveur d'un peuple voué aux échanges.

39 **Fables d'Afrique** **Junior**
par Jan Knappert
Savez-vous qu'aux premiers temps du monde tous les animaux étaient des animaux domestiques ? Savez-vous comment certains quittèrent l'homme, et devinrent des animaux sauvages ? Savez-vous comment fut créé le chameau ? Et de quoi discutent l'araignée et le mille-pattes quand ils se font des confidences ?

46 **Contes du Panchatantra** **Junior**
par Leonard Clark
Onze contes de la tradition en Inde, mettant en scène des animaux et des hommes. Un univers de merveilleux et de symboles, fertile en rebondissements, en imprévus et en astuces.

59 **Dix-neuf fables de renard** **Junior**
par Jean Muzi
Dans ces fables, empruntées à la littérature populaire d'Afrique, d'Asie, ou d'Europe, Renard est toujours perfide, fin, rusé et substil dans ses rapports avec les autres animaux. Il berne preque toujours ses voisins, mais il lui arrive parfois d'être pris à son propre piège...

70 **Contes du monde arabe** **Junior**

par Jean Muzi

Seize contes recueillis auprès de conteurs du Moyen-Orient, appartenant à la littérature orale arabe. Ils sont en quelque sorte un prolongement des contes des Mille et Une Nuits. Influencés par l'islamisme, ils mettent en scène des animaux et des hommes, dont les comportements reflètent la sagesse des peuples du désert.

85 **Bachir et les sept épreuves** **Junior**

par Pierre Bourgeat

Bachir est un jeune garçon espiègle et futé. Il ne manque pas d'idées pour répondre aux railleries des femmes de la maison. Pour leur échapper, Bachir va garder les chèvres de son père sur les plateaux de Kabylie. « Enfin un peu de calme ! » pense-t-il. Mais voilà que le Djinn, le génie de tous les génies, lui confisque ses sept chèvres et lui impose sept épreuves pour les regagner. Qui sera le plus malin, le Djinn ou Bachir ?

90 **Dix-neuf fables du roi lion** **Junior**

par Jean Muzi

Dix-neuf fables originaires de plusieurs continents qui nous présentent un lion peu fidèle à son image habituelle. Le roi des animaux, tour à tour peureux ou lâche, est ridiculisé ou berné par des animaux beaucoup plus faibles que lui. « La raison du plus fort n'est pas toujours la meilleure. »

108 **Dix histoires de diable** **Junior**

par Natalie Babbitt

Rude métier que celui du diable ! Une réputation à tenir, et la lourde charge de l'enfer, de ses pensionnaires bien souvent grincheux (c'est logique), et de son personnel qui oublie parfois d'être démoniaque. Alors le diable descend sur terre pour y tenter quelques mauvais coup... Mais il n'est pas si facile de duper les humains !

135 L'oiseau du grenadier – contes d'Algérie **Junior**

par Rabah Belamri

Dix-sept contes recueillis dans un village de Kabylie. De vrais contes, souvent drôles, parfois cruels, où la magie est omniprésente et dans lesquels la tendresse, l'humour et la dérision se font les garants de toute une tradition orale. Ces contes parleront à tous d'une culture authentique et colorée.

145 Contes des rives du Niger **Junior**

par Jean Muzi

Le Niger est l'un des plus grands fleuves d'Afrique. Voici vingt contes qui reflètent la culture des cinq pays qu'il traverse ; la Guinée, le Mali, le Niger, le Bénin et le Nigeria. Derrière la simplicité des récits, le comique des situations et l'humour des personnages se cache une profonde sagesse.

169 Contes d'Afrique noire **Junior**

par Ashley Bryan

Dix contes africains pleins de vie, déroutants et drôles où l'on voit la poule ruser avec la grenouille, le buffle et l'éléphant se prendre de querelle, un bébé grenouille et un petit serpent jouer ensemble avant de se découvrir ennemis jurés...

185 Contes d'Espagne **Junior**

par Carmen Bravo-Villasante

Dix-sept contes tirés du trésor des récits traditionnels scrupuleusement recueillis dans les différentes régions d'Espagne. Des récits humoristiques, merveilleux et symboliques qui intriguent et réjouissent tout à la fois, et où la peur se tranforme rapidement en rire...

192 Dix-neuf fables du méchant loup **Junior**
par Jean Muzi

Dix-neuf fables et contes empruntés à la littérature populaire d'Europe, d'Asie et du Moyen-Orient dans lesquels le loup est accusé des pires cruautés. Tour à tour couard, naïf, lourdaud, sot et borné, le loup tombe sans cesse dans les pièges les plus grossiers. Accablé de moqueries, ridiculisé et berné, il subit de cruels supplices.

241 Les sept corbeaux et autres contes **Junior**
par Jacob et Wilhelm Grimm

Les sept corbeaux est l'un des huit contes que contient ce volume où la dérision, l'humour et l'émotion se passent le relais. Parmi les plus célèbres : *Le petit Chaperon Rouge, Le loup et les sept chevreaux, Le lièvre et le hérisson.*

242 Les trois fileuses et autres contes **Junior**
par Jacob et Wilhelm Grimm

Les trois fileuses est l'un des quatorzes contes que contient ce volume où la fantaisie et l'imaginaire croisent souvent la réalité. Parmi les plus célèbres : *La Belle au Bois Dormant, Le voyage du petit Poucet, Cendrillon, Tom Pouce, Blanche-Neige.*

287 Dix-neuf fables d'oiseaux **Junior**
par Jean Muzi

Ces fables, empruntées à la littérature populaire d'Europe, d'Asie et du Moyen-Orient, montrent des oiseaux moins écervelés qu'on le dit et qui savent jouer de malice pour ridiculiser des animaux bien plus impressionnants qu'eux...

Castor Poche Connaissances

Une nouvelle série
à partir de 8/9 ans.

Castor Poche Connaissances

Des petits « poches » à lire d'un trait
ou à prendre et à reprendre.
Des textes pour stimuler la curiosité,
pour susciter l'envie d'en savoir plus.

Castor Poche Connaissances

En termes simples et précis,
des réponses à vos curiosités, à vos interrogations.
Des textes de sensibilisation
sur des notions essentielles.
Les premières clés d'un savoir.
Des sujets variés.
Le sérieux de l'information
allié à la légèreté de l'humour.
Un ton alerte et vivant.

Dans chaque ouvrage,
un sommaire et un index détaillés permettent
de se référer rapidement à un point précis.

C1 Bon pied, bon œil ! (Junior)
Notre santé
par Lesley Newson

Quels sont les moyens de défense et de reconstruction de notre organisme ? Que se passe-t-il à l'intérieur de notre corps lorsque nous avons la varicelle ? Ce guide concis et vivant nous permet d'en savoir plus sur les microbes, les virus, les bactéries et... sur nous-mêmes.

C 2 Comme un sou neuf ! (Junior)
La bataille contre la saleté
par Lesley Newson

Qu'est-ce que la saleté ? Comment agissent le savon, les détergents ? Une approche, à la fois scientifique et vivante des questions d'hygiène, qui nous informe avec précision et humour, et nous aide à combattre la saleté sur notre corps, sur nos vêtements, dans nos maisons et dans nos villes.

C 3 La marche des millénaires (Senior)
A l'écoute de l'Histoire
par Isaac Asimov & Franck White

Parce qu'il traîte autant des modes de vie et de l'évolution des techniques que des faits dits historiques, ce livre transforme le domaine parfois rebutant de l'Histoire en une matière vivante et attrayante. Les connaissances historiques sont mises en relation avec les grandes préoccupations d'aujourd'hui, et deviennent du coup captivantes.

C 4 Sale temps pour un dinosaure ! (Junior)
Les caprices de la météo
par Barbara Seuling

Comment se forme un grêlon ? En quoi une tornade diffère d'un cyclone ? Quelle est la température la plus chaude jamais enregistrée sur terre ? Qu'est-ce que la foudre ? Mille informations sur le temps et la météorologie sont regroupées dans ce petit livre, qui dissipent les interrogations et ...éclaircissent notre ciel !

Cet
ouvrage,
le trois cent
soixante-dixième
de la collection
CASTOR POCHE,
a été achevé d'imprimer
sur les presses de l'imprimerie
Maury Eurolivres SA
45300 Manchecourt
en mars
1995

Dépôt légal : juin 1992.
Nº d'Édition : 18067. Imprimé en France.
ISBN : 2-08-162218-1
ISSN : 1147-3533
Loi nº 49-956 du 16 juillet 1949
sur les publications destinées à la jeunesse